THIS BOOK WILL MAKE YOU THINK

Philosophical Quotes and
What They Mean

[英]爱伦·斯蒂芬 —— 著
Alain Stephen

简单有趣的
哲思小史

哲学任意门

吴妍仪 —— 译

C|S 湖南人民出版社

本作品中文简体版权由湖南人民出版社所有。
未经许可，不得翻印。

图书在版编目（CIP）数据

哲学任意门：简单有趣的哲思小史 / （英）爱伦·斯蒂芬（Alain Stephen）著；吴妍仪译. —长沙：湖南人民出版社，2020.6
ISBN 978-7-5561-2342-1

Ⅰ. ①哲… Ⅱ. ①爱… ②吴… Ⅲ. ①哲学思想—思想史—世界 Ⅳ. ①B1

中国版本图书馆CIP数据核字（2020）第020312号

This Book Will Make You Think: Philosophical Quotes and What They Mean by Alain Stephen
Copyright © Michael O'Mara Books Limited 2013
Published by arrangement with Michael O'Mara Books Ltd., London, England
Through the literary agency jiaxibooks co. ltd.
Simplified Chinese translation copyright © 2020
By Hunan People's Publishing House
ALL RIGHTS RESERVED

ZHEXUE RENYIMEN JIANDAN YOUQU DE ZHESI XIAOSHI

哲学任意门：简单有趣的哲思小史

著　　者	[英]爱伦·斯蒂芬
译　　者	吴妍仪
出版统筹	张宇霖
监　　制	陈　实
产品经理	张玉洁
责任编辑	李思远　田　野
责任校对	郭　平
封面设计	@Mlimt_Design
出版发行	湖南人民出版社「http://www.hnppp.com」
地　　址	长沙市营盘东路3号，410005
印　　刷	长沙超峰印刷有限公司
版　　次	2020年6月第1版　2020年6月第1次印刷
开　　本	787 mm × 1092 mm　1/32
印　　张	6.75
字　　数	70千字
书　　号	ISBN 978-7-5561-2342-1
定　　价	42.00元

营销电话：0731-82683348　（如发现印装质量问题请与出版社调换）

目 录

导　论	哲学是什么？	001
第一章	论快乐	009
	边沁	013
	密尔	018
	霍布斯	020
	柏拉图	024
	亚里士多德	027
	康德	032
	德谟克利特	036
第二章	论宗教与信仰	041
	马基雅弗利	044
	尼采	048
	伏尔泰	052

	马克思	056
	克尔恺郭尔	060
	培根	064
	圣·奥古斯丁	070
第三章	**论理性与经验**	075
	黑格尔	080
	洛克	087
	维特根斯坦	095
	康德	100
	萨特	104
	塞涅卡	110
第四章	**论生死**	113
	苏格拉底	116
	欧里庇得斯	119
	道金斯	125
	伊壁鸠鲁	128
	纳博科夫	130
	埃斯库罗斯	135
	斯威夫特	139

	帕克	143
	布莱希特	148
	《薄伽梵歌》	152
第五章	论人与社会	157
	撒切尔夫人	161
	爱因斯坦	166
	奥勒留	171
	达尔文	176
	老子	179
	尼采	183
	卢梭	186
	桑塔格	190
	加缪	197
结语	可以思考的某些事情	201
延伸阅读建议		203
精选书目		206
致谢		209

导论
哲学是什么?

> 这一切废话,神的存在、无神论、决定论、自由、社会、死亡等,都是"语言"这种西洋棋戏中的棋子,而只有在你没有一心想着这盘棋的输赢时,这些棋子才有趣。
>
> —— 马塞尔·杜尚(1887—1968)

给哲学下个清楚的定义,是很困难,甚至几乎是不可能的事。伯特兰·罗素在他的《西方哲学史》中认为,哲学横跨科学与神学两个领域,在还没有百分之百的事实能够使用的范围内,把理性应用在其中的假设上。从另一个意义上说,所有不是这个也不是那个的东西就是哲学,而哲学不(尽然)"是"它目前包含的一切——或者至少可以说,这或许是奥地利出生、入英国籍的哲学家路德维希·维特根斯坦会得出的结论;毋庸置疑,他是第二个(或第三个、第四个……)这么思考的人。维特根斯坦(或许是20世纪最知名的哲学家)令人难忘地陈述了他精心建构的其中一个命题,这可以说是两面下注以求稳赢不输的经典例子:"一切事物都可能是它自身以外的其他(不同)事物。"如果你持续地思考这件事——一切可能都不是它表面的样子——那你就必须想办法缓解一种接近于全面恐慌的紧张焦虑了。

所以,我们最好不要想太多。无论我们怎么想、怎么干预,会发生的事情就是会发生(如果我们相信道家思想的话)。或者,也许对于存在、意识、自然、神、宇宙、天堂与地狱、生与死、形式与内容,还有我们对这些关键概念的建构与扭曲,是有普遍真理存在的(如果我们支持本体论)?或者,换个问法,我们一开始是怎么想到这些重大的概念的呢?我们的知识是如何发展,经历过什么样的过程(如果我们对认识论有兴趣,可能就会这么问)?不管我们喜不喜欢,哲学无所不在。设法不要太深入思考事情，这个做法本身就是一种哲学探究的形式，我最近的一个生活经历就证明了这件事。

不久之前，我跟一位刚被解雇的老友有过一席对话。很自然地，我假定我的朋友会很气恼，对未来感到焦虑，担忧他家人的福祉，而且很可能对他的雇主们满心愤怒或怨恨。让我讶异的是，他看起来积极乐观，一点都没有因他的不幸而气馁。我的朋友说："从哲学的角度来看待这件事，这是超出我控制之外的情境所导致的。这些事情是被派来考验我们的，有时候你就是得勇敢承受，然后继续过日子。毕竟一扇门关上了，就会有另一扇门打开，而且这样会让我有动力去做些不同的事情。"

虽然表面上看起来这是对逆境的简单实际反应，更仔细检视的话，在这些老套说法之下，还埋藏着很多哲学思想。接纳由超乎个人影响范围的力量运作的事物，呼应了古希腊的宿命论："勇敢承受，继续过日子"是一种斯多葛主义的见解，起源也可以回溯到古典时代。同样,"一扇门关上了,就会有另一扇门打开"这个想法,可能是从道家的中心教义里汲取的;有趣的是,道家直接抵触有动力去求新求变这个想法表达的自由意志。就如同你能看到的,每个有意识的决定或观点,甚至在看似日常的世俗层次上,都包含丰富的不同观念与观点。我们全都是自成一派的哲学家。

法国作家兼艺术家马塞尔·杜尚会同意这个想法:我们所思所感的一切,本质上联结到某种形式的哲学——尽管他有朝虚无主义与"什么都不信"倾向靠拢的现象。当然,杜尚最有名的故事,是在一间纽约画廊展出了一个倒放的小便斗,然后声称那是个雕塑品[很讽刺地称之为《喷泉》]。如果杜尚恶作剧的本意,在于标示出"艺术的尽头",或者暴露出他逐渐鄙夷的艺术世界有多虚伪浮夸,这个目标却轰轰烈烈地失败了:说真的,在最近的一次国际艺评人调查中,杜尚的《喷泉》还被票选为20世纪最有影响力的艺术作品。然而在所有"废话"的背后,真正的反讽是,这也决定性地证明了你就算什么都不信，也构成了对某件事物的信念。

此外，杜尚的主张——从隐喻上来说，哲学的所有重大主题都是"'语言'这种国际象棋游戏中的棋子"——跟维特根斯坦的观点，"语言即游戏"是相互关联的。这个隐喻特别贴切。对维特根斯坦而言，从两者的结构，以及两者各自包括或排除的事物来看，语言的规则都对应了游戏的规则。所以"哲学研究"（在此借用维特根斯坦某一本著作的名字）是围绕着结构、动作与模式而建立的，就像国际象棋。游戏仰赖确认和分析模式，拆解不合规则的不智选择，决定下一个可能的最佳步骤。

我选择杜尚的名言来作为此书导论的前言，因为我相信有很多人确实是把哲学当成"废话"打发掉。所谓的"大观念"可能让人望而生畏，在最佳状况下让人觉得自己很脆弱，在最糟状况下则让人感觉自己没价值或愚蠢。这样很可惜，因为哲学史是个丰富的宝库，充满了既安慰人心又肯定生命的洞见,也在某些例子里,提供积极的需求,让我们去质疑种种假设,并且重新思考我们可能一度认为是千真万确的事物。

这本书绝对不是一本包罗万象的"哲学史"。此书反而比较像是一个样品——一种开胃菜或可口小菜,是设计出来为一顿豪华多元的正餐刺激食欲用的。在这方面,虽然我的目标在于涵盖哲学的某些关键性味道,却试着不要太拘泥于各种"主义"与思想学派的复杂细节。哲学中有很多部分是很难以下咽的,其中某些是刻意如此,尤其是20世纪后现代的种种变化,所以我刻意避开其中某些比较难以参透的理论,像是雅克·德里达或让·弗朗索瓦·利奥塔。毫无疑问地,还有其他省略的部分。文选编者难免身中的诅咒,就是你得接受你就是无法时时刻刻取悦所有的人,过去许多哲学家都已经体认到了这一点。

这并不是说所有当代哲学都是鬼扯,只是这本书的意图是让论及的事物清淡好入口,提供某些刺激,并期望能激发读者对人类观念史上某些关键概念产生兴趣。我维持这种清淡笔触的做法,就是纳入严格说来不一定是出自哲学相关人士与来源的引言,其中包括作家、艺术家与政治家。我希望这不会冒犯纯粹主义者,这也反映我的一部分信念:我们全都是自成一格的哲学家。

最后,如果某个人随手翻开这本书的某一页,读到一则引言与附上的解释,然后能在这种刺激下稍微思考一会,此书就达到一个重要的目的了。我诚挚地希望这本书会让读者以他选择的任何方式去深思、探索。

爱伦·斯蒂芬
2013 年于布莱顿

第一章

论快乐

"快乐就是你所想、你所说与你所做的事情和谐一致的时候。"

—— 圣雄甘地(1869—1948)

无论是个人还是集体的快乐概念,从柏拉图与亚里士多德的古典时代开始,对哲学家来说,就是个问题了。快乐事关满足个人的欲望吗?如果是,这不就引起了复杂的道德难题吗?

在其他人受苦受难的时候,有可能快乐吗?个人对快乐的追寻,必然蕴含着导致他人的不快乐吗?杰里米·边沁与约翰·斯图尔特·密尔的功利主义就关注这种伦理学观念。某些伟大的哲学家,在看待作用于人类本性之上的动机力量时,看法相当悲观,就像眉头深锁的17世纪厌世哲学家托马斯·霍布斯的描述。然而应该列入考虑范围的是,霍布斯对人类生命的观点,无疑是受到英国内战中经历到的血腥事件与迫害的影响。

柏拉图与亚里士多德的观点比较明朗些:柏拉图对嬉戏与不流于腐败的放纵概念很有兴趣;亚里士多德则对理性与知识的喜悦有兴趣。18世纪德国哲学家伊曼努尔·康德则提供了一个更有规范性、更理性的观点,他说,把哲学规范奠基于像快乐这样的概念上有困难。最后,结语留给古希腊的"大笑哲学家"德谟克利特,他提倡的概念是,兴高采烈是一种美德。肯定大多数人也都会同意,至少在个人的层次上,在性格阳光的人旁边比较好——而或许就像甘地所提出的看法一样,只有在思想、行动与语言上达到"和谐一致"时,人才能得到快乐。

最大多数人的最大快乐，就是道德与法律的基础。

—— 杰里米·边沁（1748—1832）

边　沁

边沁（还有跟他几乎是同时代的密尔）是功利主义这个哲学学派的支持者。功利主义主要关注的是道德哲学的一个分支，被称为"规范伦理学"（本质上是对于个人行为的正误所做的研究）。功利主义检视从人类行为的道德价值中产生的问题。对边沁来说（至少在一开始的时候），一个行动的价值应该根据其效益来衡量，效益又是由提升快乐与解除痛楚的得分情况来决定。边沁关于"最大多数人的最大快乐"的著名公理，主张选择适当的行动，就是有可能为社会整体带来最大好处的行动。所以一个行动的效益，是由行动最终的结果来定义的。

边沁小时候是个神童，在12岁的年纪进入牛津的女王学院，在16岁生日时取得了硕士学位。虽然边沁随后研习法律，并在1769年取得律师资格，但他从未正式执业，反而把他的法律知识当成一种工具，用以检视英国法律与刑罚体系中的种种元素，他认为这些体系有根本上的缺陷。边沁的古典功利主义，还有对个人自由的信念，深深影响了他的社会与政治观点，其中许多观点——如他支持废除奴隶制、废除死刑、妇女平权——在当时都被认为是极端激进的。

在晚年，边沁考虑到他最初推论上的一个缺陷，因此不得不修改他的准则——"最大多数人的最大快乐"。在一封写给他的密友——哲学家詹姆斯·密尔（约翰·斯图尔特·密尔的父亲）的信里，边沁写道："在比较仔细地检视之后，我找到了整体来说无可置辩的理由，要抛弃这个附加物之后，至今已过了好些年。从表面上看，这个观念被赋予了额外的清晰与正确性；从里面来看，则是相反的特质。"边沁继续论证说，要是一个社会被分割成两个大致相等的部分，在概念上被称为"多数"与"少数"，而在牺牲另一个群体的代价之下，考量一个群体的快乐与福祉时，社会在道德与伦理的目的上就要承受"总体损失"。换句话说，一个只是数量上略占上风的"大多数"团体，追求提升自身利益的行动，并能给予自身最大限度的愉悦与快乐，我们也无法判定会是比较好的做法，因为这样通常也会损伤到对社会整体而言的"好"。

杰里米·边沁的最后遗嘱

1832年6月6日过世之前，边沁修改他的遗嘱，加入一个古怪的条款。在这份遗嘱里，边沁要求将他的遗体留给他的遗嘱执行人兼密友——医生托马斯·索思伍德·史密斯，并且对遗体保存条件有严谨的指示。边沁的愿望是，他的遗体首先要作为医学院学生解剖讲座的一部分被解剖，然后重组成一副骸骨，穿着已成为他个人特色的黑西装，坐在一张椅子上，摆在一个箱子里公开展览。

索思伍德·史密斯医生虽然被朋友的要求吓坏了，他还是遵嘱把故友的遗体送到伦敦的韦伯街与医药学院去进行公开解剖。在讲座的开端，医生说道："如果借着死者的遗体，可以提升生者的快乐，那么我就有义务对抗死者这样的意图可能让我产生的不情愿之感——不管这种不情愿可能多么合理、多么强烈。"

当时关于这件事的描述提到，在解剖遗体的过程中，外面下起了一场怪异的大雷雨，更增添这种歌德式的恐怖气氛。

在讲座之后，托马斯·索思伍德·史密斯把边沁的遗骸还原，并遵照指示，保存在一个木柜里，好几年之后，它被捐赠给中央伦敦大学，至今仍然在那里公开展示。

不让人意外的是，因为边沁最终遗愿让人害

怕的本质,这副遗骸激起了各种刺激而生动的传说与轶事。有个常听见的故事(有几分事实基础)说,边沁被推进大学议事厅里,而在会议记录里,他的出现被记载为"出席但未投票"。其他的故事则把重点放在遗骸的头部,因为在防腐的过程中边沁的头变形得太厉害,所以它被一个蜡质复制品所取代。原本头是放在边沁的脚边展示的,但却好几次变成学生恶作剧的对象,经常被敌对学院的学生偷走。据说有一次校方当局发现这颗头竟被当成一场大学足球赛中的比赛用球。

自由在于做一个人有欲望去做的事。

——约翰·斯图尔特·密尔（1806—1873）

密 尔

约翰·斯图尔特·密尔在《论自由》（1859年）与《功利主义》（1863年）这样的作品里，采纳并扩充了边沁的功利主义哲学。边沁认为，所有的快乐与愉悦从效益上来说都是可量化的，也就是说，对于最大多数提供最多的满足，不论质量，这样提供了道德与伦理判断及行动的基础。密尔则在快乐与愉悦的等级之间加以区别。密尔的质性方法假定了这个观点：在理智探究中展现了一个人的批判功能，或者探索人类的想象构成了愉悦量表中较高的等级。相较之下较低等级的情绪刺激的特色是被动的娱乐，例如（以现代的说法）坐在沙发上看电视肥皂剧——虽然毫无疑问，这种活动提供给多数人一种快乐的手段。所以，对密尔来说，主动挣得的或是他人授予的愉悦在性质上，在决定边沁主张的"最大多数的最大快乐"的效益时，也有同等的重要性。

闲暇为哲学之母。

人的生命〔是〕孤独、贫穷、龌龊、野蛮而又短促的。

——托马斯·霍布斯（1588—1679）

霍布斯

托马斯·霍布斯是 17 世纪的英国哲学家，他最具有影响力的作品《利维坦》（又名《巨灵论》，1651 年）概述了社会契约论，并且为西方政治哲学的发展奠定了基础。《利维坦》写于英国内战期间，概述了霍布斯的哲学架构，这个架构奠基于他的观点：人类在自然状态下（没有政府或外在规范）的情况，与此情形下所产生的冲突与人民动乱。霍布斯是个保皇派，鼓吹君主透过其臣民的共识掌握绝对权力。霍布斯对内战的后果深怀恐惧，于是逃离英国到巴黎定居，他在那里属于一个由神学家兼数学家马林·梅森为首的知识分子圈子，圈内同侪有笛卡尔与帕斯卡等。

霍布斯的哲学核心是对人性相当悲观的看法："每个人都与每个人为敌。"霍布斯断言，自然界的人，本质上受到私利与自己的需要所驱策，就像《利维坦》里常被引用的名言所做的总结："人的生命〔是〕孤独、贫穷、龌龊、野蛮而又短促的。"霍布斯相信，少了强大的中央政府，社会将彻底崩溃，注定会进入无止境的冲突循环中。除了人民之间的争斗以外，人类生活中也不会有艺术、闲暇跟文化上的丰富涵养。在社会中的"善"或想要的事物，以及"恶"或不想要的事物之间，霍布斯做出了关键的区别，然后声称，既然所有人类本质上是平等的，都会自私地追随他们自己的欲望，这种自然倾向如果没有受到克制，将会导致战争状态与"无知的黑暗"。

所以，为了避免动乱，需要一份社会契约来

维系社会整体秩序。霍布斯提出了这个见解：如果在具有共识之下，社会选择接受一个君主的绝对意志统治，所有百姓为了和平与可受保护的好处，一定要让渡他们的一部分天赋自由。反过来说，君主的义务是确保他的臣民得到保护。所以社会契约的观念违背了君权神授的传统信念。

《利维坦》分为四个部分。第一部分"论人"，概述了霍布斯的哲学架构，也就是他眼中的人类自然状态、这种状态下的冲突与人民动乱的起因。第二部分探索"政治实体"或统治权的不同面向。最后霍布斯做出结论说，君权或一个代表对大众的绝对统治，是最有效果的。在最后两个部分，霍布斯把注意力转向宗教，针对他认为的对《圣经》内容的滥用提出批评。

霍布斯的观点——"闲暇为哲学之母"——可能是来自他的身份：作为德文郡伯爵威廉·卡文迪许家中子女的家教，他有相当多的特权。霍布斯跟伯爵的儿子威廉一起到欧陆旅行多次，而这让他有渠道接触新的科学、哲学方法，同时也让他接触到当时欧陆的某些顶尖思想家。霍布斯相信,这种经过提升的闲暇状态,是人类能够通过哲学实践把自由意志运用在缔造共同之善的唯一手段。

《利维坦》是在1651年霍布斯回到英国时出版的,事实证明此书具有高度的争议性。霍布斯曾经希望,在这个极端动荡不安的时代,他的作品会有助于革新哲学研究,并且让英国稳定下来,最后拯救公民社会免于陷入"所有人对抗所有人的战争"。但霍布斯很快就发现,他受到所有人的攻讦。议会派人士排斥他对于君王统治权的支持;忠诚的保皇党觉得他随手打发掉君权神授的观念很冒犯人;教会则因为霍布斯对于宗教诠释的批评,还有他从科学上反对脱离肉体的灵魂或鬼魂的存在,指控他是无神论者。虽然霍布斯在世时,《利维坦》并没有多少知音,但此书还是被视为政治科学发展中最重要的贡献之一,而他引进的社会契约理论则深刻影响了未来的作家,比如与他同时代的洛克以及卢梭。

若是你想深入了解一个人,与其谈话一整年,不如与他游戏(玩乐)一小时。

—— 柏拉图(前 427—前 347)

柏拉图

这句话通常被认为是柏拉图说的,但真正的作者是谁还有争议,因为这句话不曾出现在这位伟大希腊哲学家的任何现存作品里。一部分的争议集中在这个事实上:从表面上看,说"游戏(玩乐)"比对话更能直指真理,直接与柏拉图极为珍视的辩证方法相抵触。对柏拉图跟苏格拉底来说,真理是最高的理想,而且只能通过理性与经过推论的论点来达到。推论辩证法的目的,就是通过讨论解决不同的意见,目的是为了获取知识,并且通过检视假设来建立事实。

这句引言暗示,人在游戏之中比在对话时更快表露出真实的自我。肯定为真的是,人在参与追求愉悦性的活动时,会放下自然的保留与防备。然而反过来的说法也可能为真,因为游戏中的竞争性,可能驱使人类表现出极端不理性的行为、展现出在日常生活环境中可能很快就能被辨识出的激情与动力。柏拉图似乎也在说,人并不总是做他们所说的,或者用一句常用的话来说,并不总是"实践他们的教诲"。

但也许柏拉图(为了论证方便,先假定这句引言确实出自他)实际上真的用了"游戏"这个词,来形容放任人类的想象力。孩童从很小的时候就自然会游戏,并且通过想象游戏与模仿来学习他们周遭的世界与社会,同时他们对游戏的理解不受成人价值观与建构的限制。游戏最棒的特质之一是提供机会,让人学习与未知共存。人类通过尝试错误来学习,游戏则是一种没有威胁性的方式,让人处理新知却仍然保有自尊。在成人之后，人类被其他所关注的事情拖累，忘记了怎样游戏，或者只为了幻想本身而沉浸于其中。所以或许柏拉图在此是希望我们重新发现，只有游戏能够释放并反映的那种纯粹、未被腐化的自我感。这并没有解决这句引言里看似明显的矛盾——这句话与辩证方法相抵触——但这个观念却抚慰了人心。

快乐是最高的善,是美德的一种实现与完美实践,某些人可以达到,然而其他人却只有一点点或者根本没有。

—— 亚里士多德(前384—前322)

亚里士多德

"通才"一词,通常是带有几分夸张,用来形容在好几种不同学科里都出类拔萃的人物。举例来说,在现代用语里,一个写报纸专栏、对时事感兴趣,又赢得电视国标舞大赛的运动员,通常会被误称为通才。这个词汇源于希腊语 *polumathēs*,意思是"有大量多元的知识"。在这个真正的意义上,亚里士多德才可说是"通才"。

亚里士多德对西方哲学贡献的深度和广度,

是不可低估的。亚里士多德写过的题材很多元，包括物理学、形而上学、诗学、戏剧、音乐、逻辑、修辞学、语言学、政治学、伦理学、生物学与动物学，同时还抽空在柏拉图门下学习，然后创立他自己的学院——里吉昂，并且在亚历山大大帝年轻时担任他的私人教师。亚里士多德对哲学的主要贡献，在于他研究形式逻辑的作品［被收录在一系列文章里，后来被通称为《工具论》］，还有在演绎推论里使用的"三段论法"。用最基本的词汇来解释，三段论就是通过建立有三个步骤的一系列前提来做出结论。通常有一个大前提 A，随后是一个小前提 B，然后通过这些前提，就有可能演绎出一个命题 C。

例如：

大前提：所有人类都是会死的。

小前提：苏格拉底是一个人。

结论/命题：所以，苏格拉底会死。

为了让 C 成为逻辑上可行的命题，A 与 B 必须为真。

这个形式的"发明"通常被归功于亚里士多德，虽然事实上他可能只是用这种方式来探索形式逻辑的先驱之一——尤其是逻辑必须怎么样进行，才能避免谬误与知识上的错误。亚里士多德不断探究的心灵在面对所有学科时，都会使用的系统化方法，展现出他对于分类与定义的喜爱；而在形容某种哲学现象的词汇还不存在的时候，很有可能就是亚里士多德创造出了这些词汇。

"快乐是最高的善"这句引言，来自亚里士多德的《尼各马可伦理学》（一系列分为10卷的作品，据说是以他在里吉昂讲学时的笔记为基础）。在《尼各马可伦理学》中，亚里士多德谈到这个问题：是什么构成一种美好而有德性的生活？亚里士多德把快乐的概念等同于希腊词汇 eudaimonia（虽然这不是抽象或享乐主义意义上的快乐，反而是"卓越"与"福祉"的意思）。所以，要活得好，目标要放在做好事，或者尽己所能地做到最好上，因为每种人类活动都有结果或起因，是这个活动打算要达到的善。如果人类努力要快乐，最高的善应该是所有行动的目的，而不是当成达到目的的手段，因为它本身就是目的。

在这方面，亚里士多德把对快乐的追求看成"是美德的一种实现与完美实践"，可以通过运用理性与才智控制自身的欲望来达成。他认为，满足欲望与获取物质，没有达成美德成就来得重要。一个快乐的人会应用遵从与节制，来达成理性与欲望之间自然而恰当的平衡，因为美德本身应该就是自身的报酬。所以，真正的快乐只能够通过培养美德来达成。亚里士多德也指出，完美美德的实践在一个人的人生里，应该都是一致的："要快乐得花上完整的一辈子时间；因为出现一只燕子，并不等于整个春天就到了。"

《尼各马可伦理学》被广泛地认为对中世纪的基督教神学发展有深刻的影响。这种影响大半是通过托马斯·阿奎那的作品而显现的。他发表了好几种对亚里士多德的重要研究著作，把亚里士多德的观念跟罗马天主教关于基本道德的教条综合起来。同样，亚里士多德的作品在早期伊斯兰哲学中也扮演了重要的角色,在伊斯兰哲学中,亚里士多德被尊称为"第一位老师"。

道德不是教导我们要如何让自己快乐,而是指导我们要如何让自己配得上享有快乐的学科。

快乐并不是从理性推论的理想状态,而是想象的。

——伊曼努尔·康德(1724—1804)

康 德

伟大的德国启蒙哲学家伊曼努尔·康德,他最知名的作品是《纯粹理性批判》,以及他尝试综合西方哲学思想彼此冲突的种种思考路线。在人生接近终点的时候,康德把注意力转向道德与伦理命题。在《道德的形而上学原则》(1797年)中,康德把快乐描述为"持续的福祉,享受生命,完全满足于自身境况"。用上"福祉"这个词汇,似乎是对亚里士多德的概念 eudaimonia（"幸福"，希腊语）的一种回应，不过康德的快乐观跟亚里士多德观点之间的分歧，在于后者把快乐当成最高的善或道德的目标。在其比较早期的作品《纯粹理性批判》（1781）里，康德描述快乐是"世界之中的一个理性存在者，在他的整体存在之中，一切都照着他的希望与意志进行的状态"。——而且这包括的不只是个人的幸福，还包括财富、权力与影响力。简而言之，快乐就是得到你所需要和欲求的一切。

康德的幸福定义抛出了问题：如果一个人把幸福当成道德体系的基础会怎么样？如果要真正快乐，基本上就是拥有你想要的一切，这可能蕴含了其他人无法让他们的需要与欲求得到满足，更有甚者，可能还蕴含了要采取行动剥夺他人的快乐。所以，如果就像亚里士多德式 eudaimonism（幸福论）的鼓吹者所相信的，"合乎道德就是快乐"，随之而来的就是并非人人都能快乐（或者合乎道德）。

康德也指出,把道德奠基于快乐之上的第二个问题,就是人类不可能确知是什么让他们快乐。

康德指出:"快乐的概念如此不确定,以至于虽然每个人都希望达到快乐,对于他真正想要的东西,他也可能永远无法说得斩钉截铁且保持前后一致。"康德用举例的方式,指出一个想要财富与物质享受的人,有可能因为屈服于像是嫉妒、焦虑与贪欲等负面情绪,而觉得不快乐。同样,追求知识可能不会提供快乐——如果事实证明那种知识是痛苦又有毁灭性的,或者换句话说,有时候我们不知道的事情,就不可能伤害我们。"是什么让我们真正快乐"这个问题,在康德对快乐的道德基础所做的批判中的核心,因为"要很确定又放诸四海皆准地决定哪种行动会提升一个理性存在者的快乐,这个问题是完全无解的"。就康德的观点来看,"快乐不是一种出自理性的理想,而是一种想象的理想"。或者换个说法,我们或许只在稍纵即逝的片刻里,考虑到我们自认为达到快乐所需要的事物,但"有文化涵养的理性(存在）越是刻意地让自己沉浸于享受生命与快乐，就越是远离真正的满足"。我们越是念念不忘什么会让我们快乐，快乐就会离我们越远。

康德点出古典的美德，如"礼貌""审慎"与"克制"，都是人们为了让自己"配得上快乐"而应该具备的特质。在这方面，康德的快乐观点跟他对于"绝对命令"的概念是一致的——他的信念是，一个人应该为了所有人的善而做出选择与行动，而不只是为了自己个人的好处，而且这样做应该本身就是目的，而不只是达成目的的手段。

勇者不只能征服他的敌人,也能克服享乐。

—— 德谟克利特(前460—前370)

德谟克利特

德谟克利特(在希腊文里,*Democritus* 的意思是"人中精英")对古希腊哲学的贡献,大半集中在"原子论"——对于宇宙自然状态的唯物论观点。德谟克利特追随他的导师留基伯(约前500—前440)的脚步,系统地延伸了他那位导师的想法,假设了这个概念:自然世界是由两种物体构成——来自希腊形容词 *atomos* (意思是"未切割的"或"无法切割的")的"原子",还有"虚空"。宇宙是由数量无穷无尽、形状与大小各异的原子组成，它们持续地在真空中到处飘浮，彼此联结或排斥。彼此联结的原子，是通过肉眼看不到的小倒钩联在一起，然而到最后这些原子团会崩溃分离。

原子论大半是在回应如何理解宇宙变迁状态的哲学问题。早期的哲学家，如巴门尼德（约前515—约前445），曾经努力要处理人类对于现实的认知问题，然后推论说，所有的改变在某种意义上都是虚幻的，因为某个物体不可能无中生有。然而对原子论者来说，改变是通过原子在虚空中持续而无穷的动作，还有原子彼此之间的位移，而变得可以分辨。

德谟克利特的理论，就像苏格拉底的教诲一样，大部分保留在后世作家与哲学家的二手文献之中。德谟克利特的伦理与道德哲学，包含在一连串被认为由他所说的格言、警句之中，而这些话是否真是由他所说，学界还有争议。同时代的人对德谟克利特的描述，说他是"大笑哲学家"，而许多被认为是出于他口的谚语，也提倡了这种观念：把喜悦当成一种清理净化灵魂的手段。善是某种来自内在的东西；善不是一个在人类灵魂之外的概念，而是某种既有之物，需要借着征服恐惧与诱惑来加以培育。

德谟克利特的一个伦理学观点，让他跟同辈的原子论同行伊壁鸠鲁（前341—前270）站在同一阵线，他们都提倡一种温和的快乐主义。要达成与世界合一与灵魂纯洁的状态，最重要的就是战胜痛苦与焦虑，并且控制愤怒与憎恨。愉悦是存在的最高状态，不过不惜一切代价，满不在乎地追求愉悦，则会损害灵魂。所以重要的是力行节制，以此控制能够腐化灵魂、有可能带来损害的行为动机。所以，"勇者"（在这个意义上是合乎正义的好人）这样的人，可以控制有损害性的情绪、避开欲望的陷阱，同时还能享受人生中较精致的事物。

虽然德谟克利特在古希腊哲学里，没有被看成是像苏格拉底、柏拉图与亚里士多德一样的"重量级人物"，但（据说）他写作并教授的主题极广，从自然哲学到数学、人类学与伦理学都包括在内。他对原子论的系统化整理，为后来在18世纪与19世纪发展的许多原子结构概念，提供了一个起点，也导致某些学者把德谟克利特称为"现代科学之父"。

第二章

论宗教与信仰

"信仰就是相信某件你明知是不真实的事物。"

—— 马克·吐温（1835—1910）

神、信仰与宗教等概念所引起的问题，跟快乐的概念所引起的哲学问题一起出现。许多伟大的思想家，都因为质疑神（或诸神）的存在、盲目信仰的妥当性以及组织性宗教的表里不一，而让自己陷入麻烦。比如被指控是异端、不敬神，或者根本是无神论者，则兹事体大，在宗教迫害的年代尤其是如此。同样悲伤的事实是，今日世界里大多数重大的冲突，仍旧是由宗教不宽容与宗教狂热所导致的。

浏览这一部分的全部引文以后，很容易就把马克·吐温对信仰的定义，应用在几乎所有的宗教信仰上，虽然这样做会太过于简化。这一章里的大部分观念，着重于探索人心与这些事物之间的关系——神的概念、信仰，还有经由宗教观念借以传达并执行的种种制度。我们也应该注意到神学思想对于西方哲学发展的巨大影响，在此它是由异常多产的圣·奥古斯丁来代表。

神不愿意做所有的事,所以取走了我们的自由意志,还有其中那一份属于我们的荣耀。

——尼可罗·马基雅弗利(1469—1527)

马基雅弗利

马基雅弗利是一位意大利哲学家、政治家兼历史学家,他曾经被视为政治科学与哲学实在论(*realism*)之父。在马基雅弗利之前,最重要的哲学形式是观念论(*idealism*)。生于意大利文艺复兴时期的马基雅弗利,他对人类采用一种更客观、更实际的观点,他检视的是这个世界实际的模样,而不是世界应有的理想状态。

马基雅弗利在《君主论》(1513年)里描述了他的政治哲学。"马基雅弗利式的"这个词汇,通常被用来形容通过狡诈的机会主义、肆无忌惮的手段来夺权的政治领袖，而且通常被应用在掌管残酷冷血政权的暴虐独裁者身上。不过，许多批评家与学者都曾论证过，《君主论》大半被错误诠释成一本假想中的极权主义策略指导手册。文本中对于如何获得并维持政治权力所做的分析被过度强调，而忽视其中某些政治上较温和的观点。《君主论》事实上既是获取权力的论文，也是对层次错综复杂的人类处境所做的分析，其中涵盖了对宗教教条与伦理学的批判。

马基雅弗利写作时，正值他的母国佛罗伦萨政治极端动荡不安的时期，《君主论》有可能是马基雅弗利受挫于持续穷兵黩武、暴乱不断的现实社会的直接结果。《君主论》的主题，是关于是什么造就出一位有效统治者（就是书名中的君主）的论文。相对于柏拉图与亚里士多德这样较早期的哲学家——他们两位都相信政治权力是一种神授权力，马基雅弗利却论证说，权力是给任何有能力夺取之人的。马基雅弗利的哲学聚焦于最终的结果，而不是用来获取权力的手段，他相信这些手段跟结果不相干。马基雅弗利指出，有两种形式的道德或美德：统治者（君主）采用的那种，还有他的臣民遵从的那种。君主的道德不该受制于有普世性的美德或宗教教条，而应该从他作为统治者的有效性来判断。在做出政治决定的时候，君主应该考虑的唯一元素，是哪个结果对国家稳定与他的权力维系最有利。

虽然马基雅弗利似乎是在倡议政教分离，但他还是体认到宗教在维持秩序方面所扮演的角色。对马基雅弗利来说，君王在他的子民面前，表现得虔诚又充满美德是很明智的——即便他在实践上并非如此。马基雅弗利曾经服务过，并亲自见证教皇亚历山大四世之子切萨雷·波吉亚（Cesare Borgia）的残暴统治。他体认到天主教会是一种强大而腐败的工具，可用来控制人民。的确，马基雅弗利把切萨雷·波吉亚当成一个范例：一位追求权力、狡狯聪明的统治者。虽然波吉亚家族仰赖教皇的支持来维持他们的权力，马基雅弗利却驳斥这个信念——一位统治者的行动只是在世间高举神的意志。他声称,不管有没有神或宗教的间接同意,人可以(也确实)为了自己的目的行使自由意志。

虽然《君主论》里有些可疑的论证,尤其是鼓吹把残酷行为与谋杀当成取得权力的合法手段,但马基雅弗利的作品代表一种从观念论转向实在论的激进转移,而且是具有历史的重要性、针对当时的政治文化所做的反省性评论。

上帝死了！上帝一直是死的！而且是我们杀死了他。

——弗里德里希·尼采（1844—1900）

尼　采

弗里德里希·威廉·尼采是 19 世纪德国哲学家，在他死后超过 1 个世纪，他仍然持续引发争议与意见分歧。尼采出生在一个信仰虔诚的家庭里（他父亲是严格的路德派牧师），在波恩与莱比锡就读大学时，他以语言学优等生的姿态崭露头角。尼采最初考虑继承父亲的衣钵，成为一位牧师，但他父亲与弟弟的死亡，迫使他质疑自己的信仰。在 24 岁的年纪，尼采（已经发表几篇关于德语语言学值得关注的学术论文）接触到叔本华（1788—1860），深深着迷于他对人类生命的悲观看法，还有他扬弃了黑格尔的主张——"凡是合理的就是现实的，现实的就是合理的。"

尼采哲学的核心，是"权力意志"这个概念，尼采认为这是人类生命中主要的驱动力，尤其是权力欲望这个概念。叔本华认为人类生命是受原始的生之意志、繁衍需求以及生存抗争所控制，他相信就是这一切导致了世界上所有的苦难与不快乐，但尼采却把权力意志看成是正面的东西，也是人类力量的来源之一。

尼采论证说，在古希腊，道德价值是从世界上的好（体现于健康、力量与权力的英雄式价值之中）与坏（体现于穷人、弱者与病人身上）之间的对抗而起。他把这种对立定义成"主人道德"。对尼采来说，基督教提倡的是相对于"主人道德"的"奴隶道德"，在此价值是起于善（体现在慈悲、虔敬、克制、温顺，还有最终极的卑屈这类概念里）以及恶（像残酷、自私、专制与财富这样的概念）之间的区别。尼采提到，起初"奴隶道德"之所以产生，是犹太人与基督徒的一种策略，他们借此颠覆罗马帝国的价值观，这也是一种取得权力的手段。对尼采来说，基督教形式的奴隶道德是一种扼杀权力意志、力量及创造力的虚伪社会疾病；奴隶道德认为那些价值本质上就邪恶、不善，并加以排除。

尼采写作的时期，达尔文理论正在影响传统基督教的神与宗教观点。尼采论证说，这些科学发展跟欧洲日渐增加的世俗化有效地"杀死了上帝"。失去了宗教所提供的这种普世观点，会导致人类生命的一种真空与意义的缺失（堕入虚无主义或"一无所有"），因而尼采假定了这个概念：个人现在有自由去建构可以提供新文明基础的新道德价值，他声称我们可以在实效上把自己"变成上帝"。

尼采把一种文学性的风格，用在了他的写作上，在作品里填满一连串的格言、修辞华丽的宣言，以及对既有思想学派的论战式攻讦。尼采一辈子都苦于健康不佳，还有一次次发作的精神疾病，这通常被认为是他的作品之所以显得古怪无常、不平衡又不一致的理由。讽刺的是，借着避开传统学院的纪律与严格性，又拒绝任何形式的系统化表述，尼采的哲学因此任凭政治光谱两端的左右派做出各自不同的诠释，最知名的是希特勒跟他的"主人种族"纳粹意识形态。虽然如此，在尼采的优秀作品之中有一种奇特的诗意力量，就如下面意味深长的修辞性问句所表达的：

上帝死了！上帝一直是死的！而且是我们杀死了他。然而他的阴影仍旧笼罩。我们应该怎么安慰自己呢，所有谋杀者之中最糟的谋杀者？这个世界有过的一切之中，最神圣又最有力的那一位，在我们的刀下流血至死：谁会把这抹血从我们身上抹掉？哪里有水能让我们洗净自己？我们必须发明什么样的赎罪节日，什么样的神圣供物？这件事的伟大之处，对我们来说不是太大了吗？就只为了看来配得上这件事，我们自己不就必须变成诸神吗？

——《欢乐的科学》(1882)，第125节如果神并不存在,就有必要发明他。

——伏尔泰(1694—1778)

伏尔泰

伏尔泰是弗朗梭阿·马利·阿鲁埃的笔名,这位多产的作家兼哲学家,为数众多的作品里包含了多种文学形式,有剧本、诗歌、小说、论文等,超过两万一千封信件跟两千本以上的书及小册子。他最受欢迎的散文作品,题材多是充满传奇历险、插曲众多的宫廷式罗曼史。这些作品通常写成檄文,并且包含了尖酸刻薄的序文——解释作者的写作动机。

伏尔泰最广为人知的作品《老实人》(1759

年），是建立在对莱布尼兹哲学的猛烈批评之上，充满反讽地挖苦莱布尼兹那种特殊的哲学与道德乐观主义。虽然有些人认为此书对人性的看法有几分愤世嫉俗，伏尔泰却还是相信，人类能够通过理性找到合乎道德的美德，理性联合对自然界的观察，就足以决定神的存在。

伏尔泰的主要哲学作品，包含在他的《哲学辞典》里。此书出版于1764年，由攻击法国政治制度，尤其是针对罗马天主教会开炮的文章、论文与小册子结集而成。伏尔泰在他的论文里，鼓吹许多文明社会理想，包括了公平审判权、报道自由、言论自由与对其他宗教的宽容。他也设法揭发并弃绝虚伪不义的行径——他认为这是承袭自旧体制（法国15—18世纪）的社会与政治结构。对伏尔泰来说，旧体制是基于权力不平衡而成立的，坚定地支持教士阶级跟贵族阶级，牺牲了受到腐败不良的税制压迫的平民与中产阶级。因为天主教会似乎不只是这种腐败不义的共谋，还是国家机器的一个主要组成部分，教士阶级自然成为伏尔泰指责的首要目标。伏尔泰深切反对组织性宗教,对天主教极力批判,并称《圣经》是过时的法律与(或)道德参考指南,它是人类的作品,而非上帝的话语。

然而,伏尔泰选择采用的激进立场有些奇怪的不一致。伏尔泰能够在一篇论文里以慷慨激昂又博学的论证,支持建立一个立宪君主政体,但接着又会在下一篇论文里拒绝民主信条,因为这些信条让信息不足又无知的大众得以发声。就像柏拉图一样,伏尔泰从修正版专制主义的立场,来看待君主在社会中的角色——在这样的体系中,国王或女王在一群受到委派的策士指导下进行统治,这些策士心系这个王国及其臣民的最佳利益,因为君王的利益也在于确保社会整体的财富与稳定。

伏尔泰常被引用的主张——"如果神并不存在,就有必要发明他",导致他被误解成是无神论者。事实上,尽管他反对教会,伏尔泰仍信神,还盖了他自己的私人礼拜堂。这句引文 [出处是伏尔泰的其中一篇论战诗——给《三位冒充者》

一书作者的书信〕,而且可以被看成是意味着神存在与否的核心问题,因为许多文明都曾经创造出诸神来解释自然现象。作为一神论的信徒,伏尔泰拒绝神秘主义与宗教教义的限制,相信理性与自然提供了精神信仰的基础:"在我心中这是十足明显的,存在着一个必然的、永恒的、至高无上的智慧存在。这无关信仰,而是出于理性。"

伏尔泰最广为人知的是他令人印象深刻的格言。其中一句最常被引用、被认为是由伏尔泰所说的话,谈论的主题是言论自由("我不赞成你说的话,但我会誓死捍卫你说话的权利"),但是这句话完全是虚构假托的。此话其实是由英国作家伊芙琳·比阿特丽斯·霍尔在她1906年出版的伏尔泰传记——《伏尔泰的朋友们》中写的。

宗教是受压迫者的叹息……它是人民的鸦片。

——卡尔·马克思（1818—1883）

马克思

作为哲学家、社会科学家、历史学家与无产阶级革命导师，不论好坏，马克思都是 19 世纪出现过最有影响力的社会主义思想家。虽然他生前大半时候都被学者忽略，他在 1883 年去世之后，他的社会、经济与政治思想，都在社会主义运动里迅速地被接纳……此外，马克思的许多作品直到他逝世后才得以出版，这个事实意味着直到最近，学者才有机会深入体会马克思的知性高度。

马克思跟他的伙伴恩格斯论述了一种哲学观

念,被称为辩证唯物论。辩证唯物论在本质上是融合了辩证法与唯物论的观念,推测宇宙中的所有事物都是物质性的,演化在所有存在层级与所有体系中都持续进行;被界定出来的界线,都是自然界中并不实际存在的人造概念,而宇宙是一个彼此相连的统合实体,其中所有的元素都彼此联结、互相依赖。这种哲学主张,科学是能决定真理的唯一手段。

要理解马克思主义,必须先理解18世纪与19世纪的启蒙运动。马克思本身属于一个较大的运动——德国启蒙哲学的一部分。他的观念并非突然而来,而是来自17、18与19世纪欧洲发展的理论延伸。马克思是青年黑格尔派的成员之一,这个派别是在知名德国哲学家黑格尔死后形成的。黑格尔的哲学是奠基于辩证法之上的。

在黑格尔死后,仍有人在柏林继续传授他的哲学,而对于黑格尔的教诲,在学生之间出现了意识形态上的分裂。到最后,意识形态的右派、中间派与左派分支出现了,青年黑格尔派采取的是黑格尔思想的左派立场。他们开始用黑格尔的辩证方法,来批评黑格尔自身的作品,尝试证明黑格尔的哲学在彻底延展开来以后,可支持无神论的唯物论。青年黑格尔派批评宗教机构,他们中有许多人因此拒绝在后来的统一德国及其他地方的机构里担任教授职位。就这样,马克思开始了一段脱离他较为富有的出身,并且转向将会延续他余生的刻苦生活。最后他在伦敦生活,并且撰写了他最伟大的作品《资本论》,后来他被安葬在高门墓地。

马克思本身对黑格尔派辩论的贡献,是写下了《黑格尔法哲学批判》。在此书的导论中包含了常被改写引用的段落:"宗教苦难既是对真实苦难的表达,同时也是对真实苦难的一种抗议。宗教是受压迫者的叹息,一个无情世界里的有情之心,也是无灵魂状态下的灵魂。它是人民的鸦片。"

马克思认为,宗教是人类与生产资料之间的关系产生的结果。这是人类对生命感到不快乐,还有人对社会与经济力量缺乏理解的结果。所以,马克思主义的宗教立场是：（一）对宗教的批评与科学的进步是对抗宗教观点的重要武器；（二）直到人有办法控制经济，不再与生产力量异化以前，宗教永远不会完全被消灭。

认为马克思说宗教是一种隐喻性的药物，是由统治阶级创造出来、维持并加以容忍，借此让群众快乐，这其实是个误解。马克思实际上关切的是重要得多的问题。他描述的是抽象人类可以存在的基本人类处境。"人就是人的世界——含国家，还有社会。"他做出这个结论，而神的概念在一个"上下颠倒的世界"里，是一种必要的发明。一旦世界恢复正确的位置以后，这个观念就不再被需要了。换句话说，宗教是无产阶级用以应付他们生活条件的一种必需品。一旦革命创造出一个公正又有意义的社会以后，就不再需要相信任何并非"现有"，或者并不实质存在的东西了。

祈祷的功能不是要影响神,反而是改变祈祷者的本质。

—— 索伦·克尔恺郭尔（1813—1855）

克尔恺郭尔

克尔恺郭尔是丹麦出生的哲学家兼神学家,他的作品对于存在主义与后现代主义这些20世纪的思想学派,产生了深刻的影响。克尔恺郭尔出生在富有的中产阶级家庭里,他的父亲麦克是极为虔诚、敬畏上帝的人,有间歇发作严重忧郁的倾向。麦克的疾病有个主要原因,在于他对于自己的几个孩子的早夭,有很深的罪恶与焦虑感。克尔恺郭尔在他的日记里描述,他父亲开始相信上帝因为他的罪恶而惩罚他（他在妻子安妮还是家中女仆的时候，就让她怀孕了，所以被迫娶她为妻，以避免丑闻），结果是让他确信没有一个孩子会活得比他久。在他的七个孩子里，只有最年幼的索伦，还有他哥哥彼得，活得比老克尔恺郭尔还久。

克尔恺郭尔在哥本哈根大学研究神学，本来期待追随他哥哥进入教会，但在他跟一生的挚爱雷琪娜·奥尔森婚约破裂之后，他决定献身于写作（此时他因为父亲过世，取得了相当多的财产）。克尔恺郭尔拒绝当时在哲学上流行的德国式思潮，特别抵制黑格尔式概念的影响：根据这种概念，真实的事物就是理性的，宇宙可以通过逻辑语言来理解。克尔恺郭尔主要关心的是从个体与主观的立场，决定活着的最佳方式，还有人类是通过何种机制行使选择的自由。

在《恐惧与战栗》（1843年）中，克尔恺郭尔探索了他所说的人类存在的三个极端不同的领域。在第一个领域，美学领域里，生命受到身体上或知性上的感官乐趣与刺激所宰制。在第二个领域，伦理学领域里，要求个体臣服于以更大的善为权威的道德责任、承诺与规范。第三个领域，克尔恺郭尔称之为宗教领域，要做出一个极大的信仰跳跃才能进驻，因为这个信仰的一跃，会要求放弃一切——包括伦理学上的标准与普世性的善——以便过着奉献给神的生活。

克尔恺郭尔引用以撒与亚伯拉罕的《圣经》故事为例。在故事中，神要求亚伯拉罕带着他珍爱的儿子以撒进入荒野并牺牲他，以便证明他的信仰有多坚强。根据克尔恺郭尔的说法，这个故事阐明了伦理学领域与宗教领域的分离。很明显的是，亚伯拉罕合乎伦理的选择是不杀害他的儿子，因为谋害一个无辜之人就是错的。然而亚伯拉罕愿意展现他对神的信仰，犯下杀害孩童的罪恶，这个事实证明他进入了宗教领域。

对克尔恺郭尔来说，神是不可知的——除非通过信仰；而信仰在本质上是个人的、主观性的，而不是逻辑性的与客观性的。所以他对于祈祷的功能所抱持的看法是，神无法被个人的欲望动摇，因为没有客观证据或真理说明神的存在。举例来说，如果一个人说出祈祷词，要求神在逆境中提供力量，他们就进入了宗教领域，臣服于信仰，这改变了他们的"本质"，脱离了普世性与伦理性的范畴，进入了主观而单独的宗教领域。

虽然克尔恺郭尔看来相信信仰的内在价值，但在他的生命后期，他对于组织化宗教特别加以批判，对正统基督教尤其如此。根据克尔恺郭尔的说法，宗教的规范与实践，扼杀了自由意志跟个人选择。毕竟如果是神创造了人，他赠予其造物的最大礼物，就是选择的自由——在对错之间、在信与不信之间，去深思怎么样生活还有行动才是最好的。所以重要的是，要让个人为自己的信仰（或缺乏信仰）负起责任，而不要通过教义与宗教教条的强迫或谴责，来逼迫他们信服。

亲近一点哲学,让人的心灵倾向于无神论,但深入哲学,则把人的心灵带向宗教。

——弗朗西斯·培根(1561—1626)

培 根

在伊丽莎白一世与詹姆斯一世执政时期,弗朗西斯·培根是顶尖的文艺复兴时期哲学家、科学作家、律师兼政治家。培根的写作涵盖了范围极广的各种主题,包含自然哲学、政治、法律、科学方法论、伦理学与宗教。

培根生在一个富有的贵族家庭里(培根的父亲是尼古拉斯·培根爵士,在伊丽莎白女王的宫廷里是掌管国玺的大臣),培根的早年教育是在家中由一位私人教师进行的。在 12 岁的时候,培根进入剑桥大学,受教于约翰·威吉夫特博士——他是一位有争议性的神职人员,后来成为坎特伯雷大主教。培根是个早慧有才华的学生,他在剑桥的时候曾经被引见给伊丽莎白女王。大学毕业后,培根接下驻巴黎英国大使的副手职位,在欧陆到处游历,研读语言与法律。在他父亲过世之后,培根回到英国,接下格雷律师学院里的一个职位,开始执业。

培根在欧洲大陆的外交经历激起了他的政治野心,他放下法律事业,开始政治家生涯。然而事实证明,培根的政治生涯有些变化无常:他曾经在上下两院都有议席,还担任大法官,也曾经因负债而入狱,还被控贪污。到最后,培根因为受贿而失去公职,于是他把余生都奉献给写作,阐述他在科学与哲学上的见解。

在科学探究方面,培根是归纳推论法的关键鼓吹者,这种方法有时候被指称为"培根式方法"。归纳法拒绝公式化使用三段论(由两个或更多其他前提推导出一个命题的逻辑论证),就像亚里士多德在演绎推论中所提倡的。培根赞成在首要原则周围累积扎实的数据,并且以可观察的现象来建立普遍化的原则,以此决定他所说的现象的"形式"。培根在青年时代读过亚里士多德的作品,虽然这些作品激起了他的想象力与好问的心灵,但他却不赞同亚里士多德式的方法论,认为那太狭隘,不是理解自然与人类存在的神奇处真正妥当的方式。

培根关于宗教与哲学的知名格言,是出自他1612年的论文集里对无神论的研究。那些论文是一连串针对大范围多种主题所做的沉思,涵盖从真理、智慧到野心、复仇与迷信在内的各种主题(甚至有一篇论文细说花园与园艺的美德)。《论无神论》是培根尝试探究人若失去信仰或对神的信念,理由是什么,还有无神论是在什么样的环境下产生和发展的。培根本人是在严格的加尔文派家庭中长大的,有非常强烈的宗教信念,但对于与宗教相关的某些迷信与浮夸作风仍感到惋惜。培根所谓的"哲学"是指,通过实验与观察进行的科学探究,他的结论是:可以借着自然界的奇迹来证明神的存在。他相信,光靠奇迹就能提供神存在所需的一切证据,因为透过奇迹达到的天启,是违反人类理解与物理世界知识的。在圣典中出现的奇迹,用意不在于否定无神论者,而是要指导异教徒(没有信仰的人)。值得注意的是,培根在作为信仰体系的无神论与未受启蒙的异教徒之间,做出了区别。培根的观点是,像是伊壁鸠鲁与原子论追随者等古代哲学家的无神论,在其方法论上缺乏深度,但持续的哲学质问(或是对自然现象的观察),却让人相信可能存在某种有智慧的更高力量在运作,而且不为人所见地存在于世界上。

培根反省他眼中的无神论起因,然后做出结论,指出在和平与繁荣的时代,无神论的观点很兴盛,然而在充满逆境与苦难的时期,社会就转向宗教求取理解、力量与希望。

在另一篇论文《论死亡》中,培根比较对死亡的恐惧,还有孩童对黑暗的恐惧,还有引申之后对于未知的恐惧，在迷信（培根最爱攻击的目标之一）之下，又变得更严重：

> 人畏惧死亡，就像孩童害怕去到暗处；而就像孩童自然产生的恐惧，会随着种种故事而增加，另一种恐惧亦然。当然，对死亡的深思，比如像罪恶的代价，还有过渡到另一个世界，都是神圣而宗教性的；但对死亡的恐惧，如作为一种献给自然的贡品，是薄弱的。

——《论文集·论死亡》（1612年）

在这篇论文里，培根检视了环绕着沉思死亡发展的宗教观念，像是禁欲苦行的天主教概念，然后得出结论：死亡是一种自然现象，所以不该有所畏惧。培根也论证说，某些情境条件与重要的激情涌现——像是爱、荣誉、哀恸与拨乱反正的意图（复仇）——可以让一个人克服对死亡的恐惧，因为高贵的理想让人对疼痛与苦难麻木无感。

虽然培根的某些论文非常简短，而且风格上非常戏剧化，从系统化的拆解论证与观念，到一连串很有自觉意识的文学格言都包括在内。事实证明这些文章在17世纪首度出版时，在同辈作家甚至知识分子之间特别受欢迎。阿尔弗雷德·丁尼生爵士提到《论文集》时表示："在这么一小本书里所塞进的智慧，多过我所知的任何一本同样大小的书。"

我们太软弱，无法光靠理性知道真理。

—— 圣·奥古斯丁（354—430）

圣·奥古斯丁

希波的奥古斯丁，又称为圣·奥古斯丁，在公元 354 年出生于塔加斯特城，这里是罗马帝国在阿尔及利亚的一个军事基地。奥古斯丁以基督教徒的身份成长，然后在 17 岁时被送到迦太基去研读拉丁文与修辞学。在迦太基的时候，奥古斯丁似乎曾经误交朋友，抛弃了基督教，追随摩尼教——这是一种源于巴比伦的古代宇宙论信仰，并且举止出现沉浸于罗马帝国走下坡路时期常见的种种放纵行为。他曾经被视为严重酗酒、对性欲贪得无厌、行为举止是彻底快乐主义式的浪荡之人,他著名的祈求,总结了他对未来的展望:"让我能够守贞与自制,但不是现在。"

在这段浮华生活之后,身为有才华的学者,奥古斯丁在迦太基与罗马教修辞学,然后获得一个声望卓著的教职——在米兰宫廷担任哲学教授。在这个时候,奥古斯丁对摩尼教神秘主义逐渐产生不满,而在短暂地尝试(当时)流行的种种哲学,如怀疑论与新柏拉图主义之后,终于在公元387年皈依基督教。据说,奥古斯丁在反省自己一生的罪恶之后,在一个焦虑绝望的时刻,走进一座花园,他听见那里有个孩子唱着:"拿起来读吧。"奥古斯丁回到自己家里,拿起一本《圣经》,随手翻到其中一页,刚好翻到使徒保罗的《罗马书》,奥古斯丁读到下面这句话:"不可荒宴醉酒,不可好色邪荡,不可竞争嫉妒;总要披戴主耶稣基督,不要为肉体辖制而放纵私欲。"他把这当成一种命令,要他弃绝放纵的生活,拥抱虔诚与奉献给基督的生活。

皈依基督教以后，奥古斯丁回到他土生土长的阿尔及利亚去实践他的信仰，而在他儿子阿迪欧达图斯（是他的私生子，是他在放荡时期与一个小妾长期恋情的结果）死后，奥古斯丁放弃了他在世间的财物，把所有的钱都捐给穷人，只留下被他翻修成修道院的祖宅。

在391年，奥古斯丁被任命为神父，395年则成为希波［在今日阿尔及利亚被称为安纳巴］的主教，他的余生都在传播基督教，还有写作大量神学与基督教作品。圣·奥古斯丁总共写了超过一百本书与数百篇祈祷文与布道词，对于基督教与天主教神学的发展与传播有深刻的影响。他在成长时期所奠定的哲学与修辞学基础，让他的伦理学作品与众不同，尤其是他对自由意志与人类性欲的分析（圣·奥古斯丁是第一个提出天主教原罪概念的作家），他影响了后世很多作家，如托马斯·阿奎那、叔本华以及尼采。

可能奥古斯丁最著名、阅读人数最多的作品就是他的《忏悔录》——连串写给神的长篇自传性信件。《忏悔录》勾勒出奥古斯丁早年的罪恶，还有他从无信仰不可知论者到虔诚信徒的过程，而"我们太软弱，无法光靠理性知道真理"这句话，是其中最让人记忆深刻的格言之一。这句话可以当成是一种总结，它总结了奥古斯丁的人生旅程与救赎。他宣称，所有的智慧与知识，不管多么有用，本身都不足以遏阻诱惑与罪过的邪恶。只有神的话语，才可以提供真正的安慰与指引。

第三章

论理性与经验

"理性与经验两者,都不容我们期待国家道德可以凌驾于宗教原则之上。"

—— 乔治·华盛顿(1732—1799)

18世纪这个"理性时代"（17世纪时，笛卡尔、霍布斯与洛克这些思想家如此描绘18世纪）对于哲学思潮中强调的重点，带来一种地震式的巨变。自然科学有了巨大的进展，这些进展接着导致哲学家开始质疑旧有的确定性，还涌现了一批常常互相抗衡的新观念，内容包罗万象：从如何获致知识与真理并加以测试，一直到民主、代表制与公民自由权等概念的第一批幼苗，都包括在内。防洪闸门开了，康德在他的论文《什么是启蒙？》之中用一句祈使句对此做出了描述。人类心智从婴儿期的黑暗中浮现，然后像个好问的孩子那样成熟，此刻康德敦促人们要"敢于认识"。理性与经验变成这个新哲学中的暗号，这种哲学更关注事情实际上如何，而不是它们可以怎样，或者可能应该如何。

然而并非所有的启蒙都是正面的。这个新觉醒中有些较阴暗的后果，就像法国大革命之后的恐怖统治，还有可能是史上最阴郁的哲学家叔本华的作品所提供的证据；叔本华曾在一篇论文里写道，每个人都应该吞下一只活蟾蜍当作早餐，借此确保他们这一整天都不必再体验到任何同样让人沮丧的经验。而要是认为当时的人都敞开双臂拥抱新启蒙，那可能也是个错误的想法。这一节的开头引言，是取自华盛顿对美国人民的告别演讲，并且阐明了虽然在某些方面有自由思维的爆炸，老卫兵——以宗教为基础的道德保护者——对于这些如何生活、如何看待这个世界的新思维，却深怀疑惧。

阅读这些理性与经验的伟大思想家的作品应该不难。他们所说的大多数言论，如今看似不证自明，甚至是显而易见，然而可能有点难以跟上他们的论证。这大半是因为他们逐步进行探究时的那股知性狂热，以及他们热切地想找到一个可以涵盖一切、无所不包的思想体系。同样扯了后腿的是这股竞争精神导致种种琐碎、细微的对抗。德国哲学家叔本华几乎病态地痛恨黑格尔，这驱使他接下柏林大学的一个职位——黑格尔也在这里教书，就只为了设法证明他的观点比较受学生欢迎（结果他败得相当惨）。虽然如此，理性启蒙时代的哲学家们仍代表着哲学史上的一个关键时间点。

凡是合理的就是现实的，现实的就是合理的。

哲学中的真理，意指其概念与外在现实相呼应。

世界上真正的悲剧不是正确与错误之间的冲突，而是冲突发生在两种正确之间。

——黑格尔（1770—1831）

黑格尔

格奥尔格·黑格尔于1770年8月27日生于德国斯图加特。他在图宾根研习哲学与古典学，毕业后成为一位私人教师，并且探索神学。黑格尔在海德堡与柏林教书，他在这两个地方写作并探究哲学与神学概念。

黑格尔在德国的观念论中是个重要人物。他对现实的历史学与观念论式的陈述，在当时具有革命性，而且在某些左派政治思想的激进路线发展上，也带来重要的影响。他的主要作品《精神现象学》在1807年出版，他的观念则在其他极为复杂的作品里发展，一直到1831年他死于霍乱为止。

黑格尔对在他余生中将要发展的一切，几乎都在《精神现象学》中预想过了，但这本书绝对算不上是很有系统，而广为接受的看法是这本书很难读。《精神现象学》尝试把人类历史——连同其中所有的革命、战争与科学发现——呈现为一个客观精神的理想化自我发展。

黑格尔是难懂到"恶名昭彰"的哲学家。如果是对于亚里士多德的希腊逻辑，还有笛卡尔、休谟与洛克等较晚近的作品几乎毫无基础的新手，在掌握这些基本思想以前，读黑格尔可能是最好罢手的无望任务。他至今仍然让学者感到头痛，也是害这个学科让人望而生畏的哲学家之一。

举例来说，爱德华·凯尔德在他的书《黑格尔》（1883年）里写道："然而，端出彻底的胡言乱语、串联起毫无意义又夸大的言辞迷宫，就像先前只有疯人院才有人听闻的东西，这种大胆无畏的最高表现，终于由黑格尔达到了，还变成有史以来最厚颜无耻的普遍使人迷惑的工具，其结果在后世眼中将会难以置信，也一直会是德国式愚蠢的纪念碑。"

要有任何一点机会理解黑格尔，一个人就必须设法接受辩证法的原则——这是一种介于两个或更多对立观点之间的论证或讨论，结果或真理可以从中提炼出来。作为这个过程的机制，黑格尔提出三个"古典思考法则"的变化版——也就是"同一律"（从本质上来说，"真理"被当成是不证自明的）、"（不）矛盾律"以及"排中律"，后两条尤其重要。释义后两条，就分别指出矛盾陈述不可能同时为真，而且两个命题中的任何一个都必然为真。

黑格尔式辩证法奠基于四个概念之上：

· 一切都是短暂而有限的，存在于时间的媒介中。

- 一切都是由矛盾（对立的力量）组成。
- 逐渐的变化会导致危机或转折点，因一个力量会克服它的相对力量（量变导致质变）。
- 改变是螺旋式的，不是环状的。

简而言之，黑格尔相信我们的心灵可以变得完全有意识、觉醒或被启蒙，我们将会对现实有完美的理解。简言之，我们对于现实的思维，还有现实本身，会是一样的。他借着证明心灵在朝向他所谓的"绝对精神"迈进时，经历了一种演化，来论证这一点。

因为黑格尔的哲学要求的是一段旅程，可以看出重要的是过程，而不只是结果。对于一个观点（或称命题 thesis）来说，可能存在着一个或更多个对立观点，或称反命题，

正反命题之间存在着一种斗争。辩论或相关争论的过程，就像是革命或战争，可能导致更高程度的理解（或称"综合"），对此可能也会出现另一个反命题，然后这个朝向真理发展的过程就会继续。把所有的历史形容成无可避免朝向真

理的进程,这是一种黑格尔式的描述。

他留在历史上的印记是很深刻的,因为他的影响扩散遍及左右两翼的政治思想。事实上,黑格尔的诠释者分裂成"左派"与"右派"阵营。马克思汲取黑格尔的影响,发展出这个观念:历史与现实应该从辩证观点去看,而改变的过程—斗争—应该被视为从部分朝向整体的过渡。

对于黑格尔在现象学中设法指出的情况来说,这是个曲折的发展。然而,从实际的层面上来看,很有可能黑格尔会赞同马克思的革命性诠释,因为他在18世纪末,近距离见证过革命性的欧洲。甚至有人说,他每年都庆祝巴士底监狱陷落之日。

黑格尔辩证法的火柴棒人例子

想象有三种火柴棒外星人访客,从各自分离的异世界来到我们的世界。A星人是来自方形、三角形跟各种锐角的世界。他们世界里的一切事物,颜色从淡紫色到红色。然而B星人的世界里只有八边形和五边形,颜色介于黄色到绿色之间。在更奇怪的 C 星上,一切都只有黑白两色,角度则是很久以前就被法律禁止了。

三个外星人全都为了不同的任务而被派到我们的星球上碰面,讨论一个他们发现的物体。这个会议可以用黑格尔辩证法如此解释。

A 星人假定有一种现象存在,他们形容为"红色"跟一个"方形"。这是他们现有真理的最佳描述。(这是正命题。)

B 星人承认这里有某些新概念,但还是不满意。他们用自己的现实架构指出,这个物体比较接近"八边形"跟"黄色"。(这是反命题。)

A 和 B 辩论,而通过这一辩论,A 开始掌握到非锐角的概念;B 可能了解有超过黄色以外的颜色光谱。他们一起学习并修正新的现实观点。一个新概念出现了,他们称之为"橘色"。(这是综合命题。)

C 接着进入辩论中。他们被这种颜色概念勾起好奇心,也想要学习。直到现在为止,他们对这个现象的描述是一个完整的白圆圈。(这是第二个反命题。)

接下来进行进一步的辩论，他们学到新的概念，然后出现一个新的综合命题，一个橘色圆圈，我们全都开始可得知，这是对太阳更精确的描述。

我们可以在此看出，通过持续的修正过程，概念与现实开始彼此相符了。我们也能看出，这个朝向真理的修正，是来自两个对立现实观点的辩论（综合命题与再综合命题）——这两种观点各自的追随者，也都以同样程度支持他们的观点是正确、真实或有效的。

没有人在此的知识可以超越他的经验。

思想中的观念只来自经验。

善与恶、奖励与惩罚,是一个理性生物唯一的行为动机。

——约翰·洛克(1632—1704)

洛 克

约翰·洛克是17世纪英国哲学家,以发展出洛克式社会契约论闻名,其中包含环绕着"自然状态"(社会在政府出现前的理论状态)发展的概念、"得到受管理者同意的政府"的概念,还有生命、自由与财产自然权利的概念。洛克也是第一个完整发展"白板"理论的人,根据这个理论,我们生来就有如一片空白石板的心灵,这个心灵受到经验与知觉的塑造。

他可以说是英国的第一位经验主义者,因此对于这种当时被视为典型英国式的哲学来说,他算是创始人。他也是伟大的政治思想家,他对于治理的观念,大大影响了美国宪法的创造者。有一条世俗主义的思路,贯穿了他的作品——在他的思维里,他为神找到了一个角色,所以他实际上是一位自然神论者。

经验主义者大体上相信知识可以通过经验来获取(主要是来自感官经验),而且这个经验是通过大脑处理的(理性推论)。"白板",指的是在接收到用以建构世界知识的任何感官输入之前,心灵一片空白的状态。这跟当时理性主义者的信念不同:像笛卡尔,他的名言是"我思故我在",这是先天达成结论的例子——换句话说,这个演绎性的信念,不需要对事物本身有任何经验。

一个经验主义者可能会说,我们通过形成简单的假设,来建构我们的现实观点,从中我们可以创造出更复杂的观念。举例来说,"黄色"的简单观念来自一再体验到黄色。一个人一旦还体验到"圆形"跟"热"的观念,他可能就会结合三个观念,形成关于太阳的更复杂的观念。一个理性主义者可能相信我们与生俱来就"知道"黄色、热与形状,而我们可以在不曾体验过的状况下,推论出太阳的观念。

简单地说,洛克的知识论(知识的哲学),是至今仍旧引起争议的先天/后天二分说的先驱。从沙发上的争论("孩子会这样做都是学你的"),到同性恋起因,与女性社会角色本质的社会辩论,这一切全都有一部分要归功于洛克对笛卡尔理性论的拒斥,以及他对知识获取过程的世俗化说法。

他也是个"可能论者"。霍布斯指出没有任何事情是绝对的,没有任何事情是确定的,我们只能通过逻辑演绎推论并修正,他相信所有证据指出的都是可能的联结,只会帮我们导向可能为真的信念。这在本质上是英国式的方法论,而此说在洛克往来的知识分子圈中很流行,通过这种方式,这个说法也有助于让至今仍旧使用的科学方法法规化:也就是说,知识是借着经过测量的经验获得,通过重复而变得更精致。

就像许多哲学思维一样,这个说法可能看起来有语焉不详之处。举例说明经验主义的最佳说法,是指涉它被用在寓言性质或比喻性质的场合。举例来说,丹尼尔·笛福(Daniel Defoe)的小说《鲁滨孙漂流记》(Robinson Crusoe)曾经被说成是第一部(伟大的)经验主义散文作品,肯定能通过经验主义的棱镜来阅读。鲁宾孙被困的小岛可以被诠释成一种物理上的比喻,但最强烈的类比,在于主角起初对自己的困境毫无认识或理解(白板状态)。鲁宾孙接着开始在他的叙述中提到,他"发现""感觉""找到"还有"看见"物体,随后"了解"到新的经验。到最后,他对于这个岛屿的运作,还有他自己在岛上的位置形成了观念,然后用他的新知识创造出更复杂的建构物,像是"小屋""原料"跟"新装置",探索他要如何在那里生存。到最后他开始主宰并掌控这个地方。不管信不信这套诠释,可以很公平地说,虽然

《鲁滨孙漂流记》表面上看来是个简单的冒险奇谈，却是在经验主义与科学方法发展后出现的第一批英语小说之一，所以笛福有可能是无意识地把这些观念导入书中（尽管他并没有做得很明显）。

洛克生于萨默塞特郡的灵顿，在牛津受教育，他似乎注定要在那里行医。在1666年，他遇见安东尼·阿希理·库珀——后来的第一代沙夫茨伯利伯爵，变成他的朋友与赞助人。洛克在1668年负责监督一个重大手术，切除沙夫茨伯利伯爵肝脏上的一个包虫囊肿；当时的才智之士觉得沙夫茨伯利此后终生都需要在肝脏上塞个银塞子（这事很有意思）。1675年到1679年，洛克住在法国，他在那里研读了许多作品，其中包括笛卡尔的著作。沙夫茨伯利先前积极参与议会对抗斯图亚特王室的行动，因此在1681年他逃到荷兰，洛克也在1683年跟着去了，直到奥伦治的威廉在1688年继位之后才回到英国。在接下来的一年里，洛克的主要哲学作品——《人类理解论》与《政府二论》，还有《论宽容》，都出版了（后两本书是匿名出版的）。洛克在晚年出版了《教育漫谈》（1693年）以及《基督教的合理性》（1695年）。他得到政府的某些次要行政职位，在艾赛克斯郡的达玛莉丝·玛珊夫人家中平静地度过余生。

虽然洛克以英国经验论资深人物闻名，但他的哲学比这个说法所指出的还要复杂些。他反对"天生观念"在基础知识中占有任何地位，在这种意义上，他是反理性主义的。这个观点把经验——或者说是感官与反省的观念——稳稳地置于人类理解的基础上。不过，洛克认可另一个观念：我们从物理现实可测量的层面获得的某些物理现实知识，像是数字、形状等，确实给予了我们关于周遭世界的合适表象。数字形状等是一个物体的第一性质，跟它的第二性质不同，第二性质是更主观性的——像是它的颜色、气味或味道。不过认识事物的力量，是得自于全知的神，而"比起我们以外任何事物的存在，我们更确切地知道有神的存在"。

虽然洛克被认为是科学革命时代的第一个伟大的英国哲学家,是波以尔和牛顿的盟友与"助手",他自己却怀疑,这样的自然哲学是否有可能达到成为一门科学的状态——他的意思是,科学这种活动,对于事物的真正本质,能为我们产生如神一般、理性又切合的洞见。科学化认识论的任务在于展现我们确实知道什么、各种知识的来源、知识的适当应用,还有最重要的一点:展现我们心灵的限制及其可疑的能耐。通过这个主题,洛克把他的认识论与对宗教宽容的辩护联结在一起。这个激进的信条,再加上他对所有权,还有政府与同意权之间关系的讨论,是他留给政治哲学持久的遗产。

洛克的伟大,在于他密切关注心灵生活的实际现象,但他的哲学事实上在激进经验论信徒——如贝克莱与休谟,还有靠着信仰(以基督教的信息作为支持基础)而成立的神学世界之间,维持着危险的平衡。他认为宗教与道德应该像数学一样,公开面对示范与证明的要求,这让他盖上了启蒙运动关键人物的印记;甚至他对观念优先性的坚持,也为更激进地脱离那种大环境开辟了一条道路。

对于无可言说之事,一个人必须保持沉默。

——路德维希·维特根斯坦(1889—1951)

维特根斯坦

路德维希·约瑟夫·约翰·维特根斯坦在1889年4月26日出生于奥地利的维也纳,他是很有个人魅力的一个谜,完美地符合孤傲天才的原型。他成为某个小圈子崇拜的人物,却闪避公众的注意,甚至在挪威盖了一个遗世独立的小屋,完全隐居。他的性倾向很模糊,可能是同性恋者。他的人生似乎受到一种对道德与哲学完美性的执念所主导,这一点导致他在人生中的某一刻,坚持向某几个人自白忏悔。尽管如此——而且他是在天主教教堂里受洗,也以天主教方式安葬,但他在行为上与信仰上所显示的都不是基督徒。

维特根斯坦家族人丁众多又富有,他们家也吸引文化人与音乐家在此聚集,其中包括作曲家布拉姆斯,他是这个家族的朋友。音乐在维特根斯坦的一生之中一直是很重要的角色,其他更私密的事情也是。路德维希是八个孩子里最小的,他的四个哥哥里,有三个自杀身亡。

维特根斯坦在柏林研读机械工程,1908年他去了曼彻斯特,要进行航空学研究,用风筝来做实验。他在工程学的工作导致他对数学的兴趣,而这个兴趣又接着让他去思考与数学基础有关的哲学问题。他最后去了剑桥,受教于伯特兰·罗素。

维特根斯坦的父亲在1913年过世的时候,他继承了一笔钱,他很快就把钱送出去了。第二年战争爆发,他自愿加入奥地利军队。同时他继续从事哲学研究,而且在战时因为英勇表现他得到几枚勋章。他针对逻辑的思考结果——就是《逻辑哲学论》，此书最后在罗素的帮助下，在1922年以英文出版。这是维特根斯坦在世时唯一出版的书。照他的看法，他这本书已经解决了所有的哲学问题，所以接着维特根斯坦到奥地利乡下当了一名小学老师。他由于教学方法很严厉而在当地不受欢迎，但看来很有效果。他在1926年至1928年间，替他姐姐葛特尔设计并建造了一栋外观朴素的房子。

在1929年，他回到剑桥任教于三一学院，他认识到事实上他还有更多哲学工作要做。他在1939年成为剑桥哲学教授。在第二次世界大战期间，他在伦敦担任医院门房，还在新堡担任研究技师。战后他回到大学教书，但在1947年辞去教职，专注于写作。他大部分的工作是在爱尔兰进行的，他偏爱在孤立的乡间进行他的研究。到了1949年，他已经写完在他死后才以《哲学研究》之名出版的著作，此书可说是他最重要的作品。他在维也纳、牛津与剑桥度过余生的最后两年，他持续工作，直到他在1951年4月死于前列腺癌为止。

他最后几年的作品曾被出版,书名是《论确定性》。他的遗言是:"告诉他们,我有过精彩的一生。"

在他严峻朴素的巨著《逻辑哲学论》里,维特根斯坦很有信心地假定他已经解决了所有的哲学难题(虽然后来他驳斥了这一点)。《逻辑哲学论》整体的大主题,可以概述如下:既然命题只是表达关于世界的事实,在描述现实的时候,命题本身完全没有任何价值。事实就只是事实。其他一切——我们在乎的一切,可能让这个世界有意义的一切,我们感觉到的一切——都被破坏了(无法表达)。他相信,一种适当的逻辑语言,只处理真实之事。什么算是美丽的主观或美学措辞,或者什么算是好的主观判断,甚至无法在逻辑语言内表达,因为它们"超越"了可以在思维里勾勒出来的东西。它们不是事实。要对事物的实际状态做出完全令人满意的描述,会留下传统哲学关注的所有重要问题,不予回答(但这些问题也是不可问的)。换句话说,维特根斯坦的论证让他自己的论证变得无效化;就连《逻辑哲学论》本身的哲学成就,也不过就是有用的废话——一旦体会到了,这些话本身也要被弃置了。这本书以这句孤零零的陈述作结:"对于无可言说之事,一个人必须保持沉默。"

这真的是个很严峻的信息,因为这句话让人类生命中的许多事物,都自然地变得无可言说。就像维特根斯坦的朋友兼同事法兰克·拉姆齐做出的概述:"我们无法说的事物就是说不得,连用口哨吹出来都不行。"

对于一种逻辑语言适合表达什么,维特根斯坦表达了他的看法。这种精心界定的意识,影响了维也纳学派形成他们的逻辑实证主义(强烈的经验主义信念,认为科学证明跟直接的感官经验,是知识的唯一基础)原则。维特根斯坦自己都认为哲学家已无事可做了。他忠于这个信念,因此抛弃这门学科将近十年。

只照着你能够遵行,同时愿使它成为普遍法则的准则行事。

——伊曼努尔·康德(1724—1804)

康 德

伊曼努尔·康德是在 18 世纪西方哲学的启蒙时期做出重大贡献的德国学者兼哲学家。康德出生在严谨的宗教家庭里,在 16 岁时,他进入家乡东普鲁士哥尼斯堡的大学,研究哲学、数学与逻辑。他的余生都在大学里度过,先是作为学生,然后是学者与教授。关于康德生活的单纯有很多故事,其中有个真实性有待考证的故事为:康德极端严守每天的例行公事,以至于他的邻居们根据他每天下午离家散步的时间来校准钟表。据说康德平生从未到过超过哥尼斯堡方圆十里外的地方,而且他花了整整十年时间自愿闭关,远离同事朋友,好让自己全心投入撰写《纯粹理性批判》(1781年)一书,这是他最著名的作品。

康德的主要研究是试图综合启蒙时代主导西方思维的理性主义与经验主义的不同分支。理性主义观点声称,人类知识是通过以既有观念为基础的演绎推论获得的,经验主义观点则提倡推论仅奠基于观察之上。康德的"批判"核心,在于先天的理性概念(或者说,有别于人类经验的理性),还有人类心灵塑造出我们对世界的理解的那些过程。对康德来说,人类的心灵并不是由一个空的容器组成,然后通过接触并体验世界来加以填满,而是通过处理它所观察到的信息,积极地取得知识。就这样,人类心灵并没有建构我们周遭的世界;反而是我们的认知功能,反映了心灵是如何认知世界的。用康德的话来说:"只有在我们已经把自己置入事物之中的时候,我们才能先天地认知到事物。"

通过集中在人类自主性的优先性之上,康德论证说,人类的理解是来源于构成经验的自然普遍法则。康德扩大了这个概念,假定人类理性提供了道德律令的基础,而这个基础接着又成为信仰上帝、自由与不朽的基础。因为有人类的自主性领先在前,所以科学知识、道德与宗教仍然彼此一致。

在谈到道德律令或伦理学的时候,康德认为"绝对命令"——或称普遍性的最高道德原则,是存在的。对康德来说,道德判断是根据他所谓的"准则"——或者说是引导行动的原则——的建构而决定。用最基本的词汇来说明就是:照着某个准则行动的意愿,应该考量这个准则的普遍性蕴含。在《道德的形而上学基础》(1785年)里,康德举了一个例子:他为了想增加财富而向人借钱。在这个情境下,借给他钱的人后来死了,没有留下金钱往来的记录。那么康德应该否认借了钱吗?为了测试他的新准则,康德问道,在此情况拒绝承认曾经向人借钱,可以是人人适用的普遍规则吗？然后做出结论：这不可行，因为这样会让借贷行为失效，也是毫无可能做到的（不管个别情况如何都一样）。所以康德才有了这句话——"只照着你能够遵行，同时愿使它成为普遍法则的准则行事。"——他提出这个说法：为了按照道德自由而行动，行为的准则或意愿，应该被当成普遍性法则而受到测试，以决定这些准则是不是道德上可允许的。

存在的一切都是毫无理由地诞生,在软弱中继续生活,然后意外地死去。

—— 让-保罗·萨特(1905—1980)

萨 特

让-保罗·萨特在 1905 年 6 月 21 日生于法国巴黎,他是一位很有开创性的知识分子,也是存在主义的鼓吹者,拥护法国与其他国家的左翼理想。他写了一些书,其中包括极具影响力的《存在与虚无》,并且在 1964 年赢得诺贝尔文学奖,但他拒绝了。

他与知名思想家西蒙·德·波伏娃有一段很长久的关系。萨特是海军军官尚-巴蒂斯特·萨特与安妮-玛丽·史韦泽的独子。萨特在婴儿时期就失去了父亲。在丈夫死后，安妮-玛丽搬回她父母位于穆东的房子，养大了儿子。萨特在年轻时读到亨利·柏格森的论文《时间与自由意志》，然后开始对哲学感兴趣。他在巴黎的高等师范学院取得哲学博士学位，吸收来自康德、黑格尔、克尔恺郭尔、胡塞尔与海德格尔等人的观念。

在1929年，他遇见西蒙·德·波伏娃，一个索邦大学的学生，后来她成为一位卓越的哲学家、作家跟女性主义者。这两人变成了终身伴侣，一起挑战他们各自的"中产阶级"背景所带来的文化与社会期待。压迫性服从与真诚之间的冲突——这对伴侣在他们个人生活中公开提及并且对抗的东西，变成萨特早期职业生涯的重要主题，后来还增加了他在20世纪60年代激进学生运动中的声望。

在1939年，萨特被征召加入法国军队，他以气象学专家的身份服役。他在1940年被德军俘虏，当了9个月的战俘。在1941年恢复平民身份后，他在巴黎城外得到一个教职。

在回到巴黎市以后，萨特跟其他几个作家一起创建了地下组织"社会主义与自由"。这个团体很快就解散了，萨特决定写作而不是参与进一步的积极抵抗运动。在短时间内，他出版了《存在与虚无》《苍蝇》与《无路可出》——这些存在主义著作，使他的名字变得家喻户晓。萨特直接从他的战时经验里取材放到作品里。在巴黎解放之后，他写下《反犹分子与犹太人》，在此书中他试着通过分析反犹主义来解释恨的概念。

萨特珍视他作为公共知识分子的角色。在第二次世界大战以后，他崭露头角，成为一个热衷于参与政治的活跃分子。对于法国在阿尔及利亚的统治，他是勇于发言的反对者，他也拥抱马克思主义，并且造访古巴，与菲德尔·卡斯特罗还有切·格瓦拉会面。

他反对越战，并且在1967年参与一个企图揭露美国战争罪行的法庭。萨特也继续写作。他在1955年之后的主要著作——《辩证理性批判》，在1960年问世。1964年10月，萨特获得诺贝尔文学奖项。他拒绝了这个奖,成为第一个拒领此奖的获奖人。他继续支持激进派的理想,在某种程度上成了20世纪60年代晚期反文化的同义词,其中包括在1968年参与巴黎的示威游行。1968年,萨特在巴黎一次学生罢课示威中,因为行使公民不服从权而被逮捕,戴高乐总统赦免了他,并说道:"我不会逮捕伏尔泰的。"

萨特有原则的生活模式使他的人生只有极少数的财物。直到生命告终,他一直积极支持人道主义以及政治理想。他在1980年4月15日去世,其时他几乎已经全盲。他被安葬在蒙巴纳斯墓园。

存在主义这种哲学,强调在一个充满敌意或冷漠的宇宙中,个体经验的独特性与孤立性。这种哲学把人类的存在视为无可解释的,并且强调选择的自由,还有个人行动的后果与个人人格发展的责任。

在《存在主义是一种人道主义》(1946年)这个演讲中,萨特以概述的形式描述人类的境况:自由蕴含了完全的责任,在面对这一点的时候,我们体验到愤懑、被遗弃感与绝望；真正的人性尊严，只能在我们积极接纳这些情绪的时候实现。就像萨特指出的，存在主义把人置于"他自己的掌握中"，而且让他为他的整个存在负责。不过这种自由只能靠着跟其他人的自由之间的关系来界定：不只是"为他自己的个体性"负责，人也要"为所有人负责"。

"存在的一切都是毫无理由地诞生"这句话取自萨特的第一本小说《恶心》（1938 年）。萨特运用好几种文学形式（如小说跟舞台剧），作为他探索哲学观念的架构。《恶心》是一本书信体小说，由一个虚构的法国学者写下的日记所构成。此人在设法理解他的生命，并且寻求方法想要赋予它意义的同时，在忧郁边缘摇摇欲坠（就是标题说的"恶心"）。

存在主义曾经被认为其典型特色就是一种学生热爱的阴沉、沮丧的世界观，萨特本人察觉到这一点，并且对此感到不安。这种哲学描述了一个毫无意义的世界，深深吸引了对此在知性上有所不满的人,而且这个世界描述或反映了人在跟周遭世界共处时的真实情感。存在主义或许也受益于这一点:在不仰赖宗教的情形下,比起其他对生命意义的描述,这种哲学在本质上反而更容易被理解。

美德不是别的,就是正确的理性。

——吕齐乌斯·安涅·塞涅卡(约前4—公元65)

塞涅卡

塞涅卡是一位罗马哲学家、政治家、剧作家兼演说家,被公认为拉丁文学白银时代的罗马帝国最有影响力的知识分子之一。塞涅卡出生于西班牙科尔多瓦的一个富有家庭,他在还小的时候就跟他姑姑旅行到罗马,并接受哲学与修辞学的教育。在罗马的时候,塞涅卡接触了安塔罗斯(*Attalus*)倡导的希腊斯多葛哲学学派。

斯多葛学派是在塞涅卡出生前三个世纪,由苏格拉底的一位学生安提西尼在希腊雅典创立的。

斯多葛派哲学探究的主要领域,是以伦理学与美德、逻辑与自然律的问题为核心。斯多葛派教诲的核心是这个原则:人类的善保存在灵魂中,灵魂是由知识、理性、智慧与节制来培育的。美德被认为是通往快乐的正确道路,有德之人不可能受到不幸的伤害,而且被认为在道德上是不可能被腐化的。所以,"美德不是别的,就是正确的理性"。

为了达到美德以及与自然合一的状态,有必要训练心灵,清除毁灭性的思维与遮蔽判断的感受。斯多葛哲学的四项基本美德是智慧、勇气、正义与节制——在柏拉图的作品中曾述及的古典安排。站在这些美德对立面的是"激情",也就是像憎恨、恐惧、痛楚、愤怒、羡慕与嫉妒。对斯多葛学派来说,宇宙跟其中包含的一切是受制于普遍性的理性[或称为"逻各斯"]。逻各斯(或命运)作用在宇宙中的被动物质之上,其中也包括人类的灵魂,灵魂被认为是这种被动物质的一部分,因而要服从自然律。所以,通往有德与符合正义的生活之道,就是冷静、自制地接受命中注定的危险与陷阱。苦难是要去忍耐、接纳的，而且也被视为是对个人美德的测试。

塞涅卡本人必定遭遇过很多不幸。塞涅卡迅速地从罗马反复无常的元老院层级中崛起，起初以卡里古拉皇帝顾问的身份得势。然而在一个牵涉到卡里古拉的姊姊茱莉雅的性丑闻之后，塞涅卡被卡里古拉的后继者克劳狄乌斯流放到科西嘉。在流放期间，塞涅卡写下他的《道德书简》——一连串的哲学文章与书信，概述了斯多葛学派的原则。塞涅卡后来因得到某种缓刑而被召回罗马，担任年轻皇帝尼禄的导师。然而以脾气反复无常而恶名昭彰的尼禄后来迫害塞涅卡，指控他叛国，命令他自尽。虽然指控塞涅卡参与推翻皇帝阴谋的证据有些薄弱，塞涅卡还是以很合乎斯多葛风范的冷静与优雅接受了他的命运。在口述他的最后一些想法以后，塞涅卡割开自己的血管，然后跳入一桶滚烫的水里，在这个过程里他遵循自己的格言："活得糟糕的人也不懂得怎么好好死去。"

第四章

论生死

"有人死去的时候,生命并没有因此不再有趣,就像有人笑的时候,生命也没有因此不再严肃。"
—— 萧伯纳(1856—1950)

从古典时代以来，哲学家就已经针对生死之间的对立发表过意见，其中最知名的包括苏格拉底与伊壁鸠鲁。在这一节里，虽然附带提及一些古人的观点，但你也会发现许多来自剧作家、小说家、记者与诗人的引文。根据20世纪法国哲学家罗兰·巴特的说法，要诠释死亡这种主题，通过文学与艺术，比通过严格的哲学方法来得好。当然，这是因为对死亡不可能有经验性的理解。然而文学与艺术，却可以在一个虚构空间里，通过语言的棱镜，想象死亡的感官知觉、冲击与哲学内涵。

未经审视的人生是不值得过的。

——苏格拉底（前469—前399）

苏格拉底

苏格拉底在公元前469年生于希腊雅典，被认为是西方哲学始祖之一，也是希腊哲学"古典时期"（通常也被称为苏格拉底时期）的第一位重要思想家，后来希腊哲学则由如柏拉图、亚里士多德这些同时期的哲学家继续发展。

关于苏格拉底生平与职业生涯的记述并不清楚，因为他没有写下他的任何哲学观念或探究成果，只有通过他的学生来传授他的方法与教诲。关于苏格拉底的事迹，主要来自柏拉图的作品。柏拉图是苏格拉底的学生兼追随者，通过重建一系列的"对话录"来描述苏格拉底的方法与观念。这些对话由柏拉图亲眼见证,是苏格拉底、他的学生与其他显赫的雅典思想家、作家跟政治家之间进行的。

苏格拉底对于哲学发展的主要贡献,是他使用的一种被称为苏格拉底诘问法的辩证方法。苏格拉底使用"*Elenchus*"(反话)这个词——意思是"交叉询问",来描述他的方法。在很重要的层面上,苏格拉底的典型方式是通过建构、提出一连串的问题,来测试其观念与信念,以此设法直捣一个问题的症结与关键。支撑这个技术基础的概念,并不是通过提供相反观点来打败一个论证或者假说,而是通过探索或揭露某个假说的缺陷或矛盾来质疑这个假说的逻辑基础。对苏格拉底来说,一旦某些既有观念里虚假或可疑的逻辑被强调,根本的真理才有可能适当地浮现出来,并且被采纳,成为美德与道德律令。

不令人意外的是,苏格拉底因坚持个人思维的自由与优先性,以及认为有权质疑关于社会与世界的常见观点而引来雅典当权者的蔑视,他因为主张异端与腐化青年的罪名而受审。那句知名的断言——"未经审视的人生是不值得过的"来自苏格拉底受审时的辩词(或者是来自柏拉图对那番演讲的记录),是在苏格拉底被法庭判决有罪,必须处以死刑之后才发表的。根据雅典法律,苏格拉底有权选择接受不同的刑罚,或者自行流放。不过他声称,他不能妥协或放弃探究哲学的承诺,也不能放弃他挑战被认为是标准的智慧的承诺,这么做会背叛他对真理、理性与美德的承诺。因此,他一拿到致命的有毒胡萝卜汁液,便毫不犹豫地一饮而尽。

谁知道呢,生命说不定就是人们所称的死亡,而死亡就是人们所称的生命?

—— 欧里庇得斯(约前480—约前406)

欧里庇得斯

欧里庇得斯与索福克勒斯、埃斯库罗斯齐名,是古希腊剧作家三巨匠之一,在一般所谓的"希腊悲剧"这种戏剧形式中,他们是先驱。关于欧里庇得斯的生平描述差异很大,从民间传说到根本荒谬的说法都有。欧里庇得斯传记的版本之所以出现这样巨大的歧异,主要的原因是,这些描述其实几乎完全是从后世希腊作家的作品里撷取的,而他们对欧里庇得斯在古典文学诸神殿里的地位，有各自的偏见。一方面他的仰慕者希望神化欧里庇得斯所留下的遗产，用神秘主义及大量散播、多彩多姿却可疑的轶事，笼罩在他的人生故事之上。另一方面，欧里庇得斯的诋毁者，如喜剧作家阿里斯托芬，想对他的成就有所诋毁，就把他描述成一个自满的丑角，或者是拍哲学家苏格拉底马屁的人。不过，因为欧里庇得斯本人从来不让事实成为陈述一个好故事的阻碍，所以若把注意力集中在他的传说版人生上，似乎也蛮恰当的。

大多数的说法一致，欧里庇得斯是在公元前480年左右生于萨拉米斯岛。欧里庇得斯是当地商人的儿子（阿里斯托芬颇为残酷地暗示说，他的父母是种菜的农夫），他的父亲曼尼沙柯斯在儿子出生当天求了神谕，从中得知他儿子注定要戴上"胜利的皇冠"。

曼尼沙柯斯认为这表示他儿子会变成著名的运动家，于是就送他去雅典受训。欧里庇得斯就像公元前5世纪的比利·艾略特①，心中另有想法，他在阿那克萨戈拉的指导下研习哲学，之后受训成为一位雅典剧院的舞者，接着在毕业后写起剧本。在两次与（据说是）屡次不忠的女子缔结灾难性的婚姻之后，心碎的欧里庇得斯回到故乡萨拉米斯，成为一位住在洞窟里的隐士，在内容广博的藏书中，安静地思索度日。住在洞穴里的日子，欧里庇得斯写下他大部分的重要作品，他的名声与受欢迎的程度，开始风靡整个希腊。到最后，他在诱惑下脱离自行流放的状态，受邀在马其顿国王阿基劳斯的宫廷里任职，而根据传说，他在那里意外遇害——被国王养的一群摩罗西亚猎犬撕成碎片（这种特别凶猛的护卫犬品种跟斗牛獒很类似，所幸现在已经绝种）。

欧里庇得斯对于古典希腊悲剧最显著的贡献，在于他对古代神话中的英雄与恶人所做的描绘。欧里庇得斯从好几个世纪的传说里取材，在他的

---

① 电影《舞动人生》的少年主角，蓝领阶层的爸爸希望他成为拳击手，他却对芭蕾舞情有独钟。

角色里灌注的不是神力与洞见,而是一般人类会有的弱点与情绪,如恐惧、焦虑、爱与恨。欧里庇得斯对于古代英雄传说的处理为何采取写实主义路线的原因,有一种可能的解释是,他企图反讽地反映他自己这个时代的困境与恶行。

在欧里庇得斯的大半生里,雅典都被困在与斯巴达王国之间的一连串血腥冲突中,此外还有城邦内部的权力斗争。欧里庇得斯在他的戏剧里应用了修辞学上的设计:他让他的角色质疑起自身的存在与生命有限的本质,并且间接地对他的观众提出了相同的问题。

"谁知道呢,生命说不定就是人们所称的死亡,而死亡就是人所称的生命?"此语出自欧里庇得斯的戏剧《普利克索斯》,这出戏检视了金羊毛传说的起源。根据传说,普利克索斯与海莉这对双胞胎是波西亚国王阿萨玛斯的后代,他们被一只身上长有金色羊毛又会飞的公羊拯救,免于被牺牲的命运。阿萨玛斯与云朵女神涅斐勒偷情后生下这对双胞胎。他的凡人妻子伊诺因为丈夫的不忠而心生妒意,设计了一个阴谋——让波西亚国民确信国内庄稼歉收是因为国王的私生子女触怒了神明,并且为了这个理由而杀死她的继子女(事实上,伊诺破坏了所有的种子,让它们无法生长)。身为阿那克萨戈拉的追随者——欧里庇得斯相信事物并不会开始存在或消逝,改变本身只是幻觉。在这句话里,他运用修辞方法来质疑传统的生死对立,并指出这两种状态或许本身是可互换的。换句话说,就像我们对来生一无所知,也不知道我们存在之前是什么状态,我们怎么能分辨,我们实际上是不是已经死了?

为饮酒辩护?

相对于早期的作家与哲学家——如色诺芬尼,他鼓吹适度或节制是道德的基础——欧里庇得斯似乎特别喜欢喝个一两杯。在他的戏剧——重述奥德修斯与独眼怪物大战的经典故事《独眼巨人》里,出现好几回对于酒精的思考。例如:"如果一个人喝酒时不欢欣鼓舞,他是疯的;因为在喝酒时有可能……抚摸女人的胸部，抚弄漂亮的发丝，此外还能手舞足蹈，遗忘灾难。"还有相反的说词："葡萄酒是可怕的敌人，很难与之角力。"当然，奥德修之所以能够逃离独眼巨人，是靠着把这个怪物灌醉，然后当巨人醉醺醺地在洞穴外要把酒意驱散的时候，把他的眼睛烧瞎。这一切看来是要表示，饮酒有其危险（如果你刚好是个吃人怪物，又只有单眼就更是如此），但也有其好处——如果把喝醉后能醉醺醺骚扰女性列为喝酒的好处，再怎么说都是很可疑的辩词！

死亡状态跟未出生的状态并不会有差别——我将会跟征服者威廉时代、恐龙时代或三叶虫时代的我一样。这样就没什么好怕的。

——理查德·道金斯（1941— ）

道金斯

理查德·道金斯在 1970 年代中叶，靠着他的半科普读物《自私的基因》成为学界名人。在此书出版之后的下个 10 年，他继续发表博学但易读的大部头书籍，进一步解释最前卫的达尔文式进化理论。在 1995 年，在被任命为牛津大学大众科学认知教授的时候，他很享受额外的曝光率，但后来他对宗教直言不讳的攻击，让他恶名昭彰。

道金斯是最高程度的无神论者，不接受任何例外，就像这句引言所显示的一样。尽管他在访问中有毫不妥协的名声，他还是给人这种印象：圆滑老练，有一股非常英国式的自制力。说实在的，道金斯也体认到他的英国式教养过程，对他的风度举止有何影响［在四号电台节目《荒岛唱片》里，他的选择之中点缀着一些教会与合唱乐曲］。

道金斯把死亡的状态等同于不存在。他指出，人类只会存在极为短暂的时间。至多大概一百年的时间，就可完整涵盖一生，而他声称，其后一切就只是恢复常态运作而已。相较于宇宙将会存在的时间长度，或者是拿来跟人类历史比较，一百年从统计上来说几乎不显著。宇宙在之前就已存在，之后仍会继续存在。他说，这并不造成困扰。

就算对很热衷无神论的同侪来说，这样乍看之下对生死缺乏感受性的态度，代表了道金斯最令人厌恶又最僵化的一面。在一个人拥有生命（任何状态的生命）之前，并没有关于这个人的任何迹象；他们还不存在。而之后，特别是在之前要转变成之后的那一刻（也就是死亡的时候），有一种对于不存在的恐惧。虽然对一个人从不知道的事情感到恐惧是不合理的，但是对已知的事物，以及将会遗留在身后的事物，对大多数人来说，一定都会引起某种情绪反应。

再者，道金斯缺乏感受性的反应，排除了一个生命可能对身后周遭之人造成的影响。在生命发生之前，它不可能有任何影响。在生命发生之后，一个人不只是有可能留下子嗣，也还会留下一些关系，这些关系并不会因为这个人回归于无形而跟着消失。

死亡对我们来说不算什么,因为我们还在的时候,死亡还没来,而在死亡来的时候,我们已不在了。

—— 伊壁鸠鲁(前341—前270)

伊壁鸠鲁

道金斯并不是第一个提出这样相当理性而冷血的死亡观。在2000多年以前,伊壁鸠鲁就表达了同样合乎逻辑的矛盾感受。他创立了伊壁鸠鲁学派,这个哲学分支与斯多葛派不能说不像——斯多葛派强调,如果可能的话,在自然秩序之内过简单生活,让周遭充满简单的乐趣。伊壁鸠鲁是个原初无神论者,因为他对众神(就算他们确实存在)扮演的角色颇不以为然,他认为众神肯定不关心人类。道金斯和山姆·哈里斯最近都曾转述伊壁鸠鲁的悖论,以此为例说明这个问题:对虔诚的宗教信徒来说,在一个有神的世界里如何解释邪恶的存在。

伊壁鸠鲁悖论

神有意愿阻止邪恶,却没有能力吗?
那么他就不是全能的。
要是他有能力,却不愿意呢?
那么他就是恶意的。
要是他既有能力又有意愿呢?
那么邪恶是从哪来的?
要是他既无能力也无意愿呢?
那为什么要称他为神?

我们用与天国有关的词汇来思考死亡，理由在于那可见的苍穹，尤其是在夜晚……那种浩瀚而沉默的爆炸，是最为贴切又无时无刻不恒存的象征。

—— 弗拉基米尔·纳博科夫（1899—1977）

纳博科夫

纳博科夫是俄罗斯小说家、批评家、翻译家与昆虫学家（蝴蝶与蛾的科学专家），最知名的是他的小说《罗丽塔》与《微暗的火》。他生于贵族家庭，纳博科夫家族在1917年革命后的动荡中被迫逃离家乡，在欧洲北部落脚。纳博科夫的父亲 V. D. 纳博科夫是声名卓著的俄国政治家与自由派，1922年在柏林被保皇派人士暗杀。纳博科夫以流亡作家的身份取得生涯的成功之后，在1940年逃离被德国占领的法国，搬到美国，在康乃尔大学以文学教授的身份工作。纳博科夫会说多国语言，有着绝佳的听力，能分辨横跨数种语言的字音与字义。在他成熟的小说作品中包含多种语言之间的双关笑话与文字游戏，混合了丰富的文学与文化暗示。

自从纳博科夫1977年过世以后，学者与评论者热烈争辩着他的政治、宗教与哲学信念。要解读纳博科夫作品里的道德、伦理与性灵信息或论证之所以如此困难的原因，在于这位作家强烈拒绝被分类为遵循某个特定的思想学派、某种政治或社会议程。或许因为他父亲与弟弟谢尔盖的死亡——谢尔盖在第二次世界大战时死于德国集中营，纳博科夫对于公然表达他个人的支持立场与价值，感到很不自在。

虽然如此，纳博科夫的作品里充满了古典哲学探究中的某些核心主题与问题，像是生死的意义、知觉的本质、道德困境，还有记忆与证词的有效性与可靠性。开篇的引言出自他在1943年写的一篇短篇小说——《有一次在阿勒坡》。标题则指来自莎士比亚的《奥赛罗》第五幕第二景：

> 而且再补一句，有一次在阿勒坡，
> 有个包着头巾的邪恶土耳其人
> 殴打一个威尼斯人，又背叛这个国家，
> 我抓住这只行过割礼的狗的咽喉，
> 然后杀死了他，就像这样。

这段言词来自整出戏的高潮——奥赛罗挣扎着要理解他屈服于嫉妒、谋害发妻德斯底蒙娜的悲剧性后果，并且徒劳无功地设法要在自杀以前重获某种程度的荣誉。

纳博科夫的小说，其形式是一位老友写信给另一位老友（其中暗示写信者跟收信者已经多年没见面），信中也概述了一场灾难性、毁灭性的恋情与婚姻。以他成了惯例的精巧手法，还有明智地铺陈看似不经意的细节，纳博科夫建立了一段不幸关系中不断变换又矛盾冲突的图像。死亡的意象贯穿整篇故事——故事背景设定在被纳粹占领的法国。"可见的苍穹"暗示的是中世纪对天空的看法：围绕着地球、包含天国在内的圆顶，但对于极端忧郁又考虑自杀的叙事者来说，代表的是虚无与停止存在之际的"沉默的爆发"。

纳博科夫逼着读者去决定，他们要相信谁说的是实话，他们要同情哪一方。叙事者真的是受伤害的一方，他轻浮的太太是否为她自称的病态撒谎者（他声称她自己承认了这一点）？或者他的信是尝试要免除自己的责任——在自身的嫉妒与缺陷之下（就像在《奥赛罗》里一样），野蛮地对待他的妻子？到最后，收信者（被称为 V，这是纳博科夫自己在私人信件中使用的代称）是否违背了朋友的指示，把这封信转变成一篇小说，有着虚构故事能够容许的所有润饰、谎言与伪装，或者只是他自己信口胡诌出整件事？

要把作品中的故事叙述者对死亡的观点——等于是广大无边的夜空——说成是纳博科夫本人

的看法，显得太过鲁莽。通常在纳博科夫的作品中，他真正的观点是通过他的角色与创造，似是而非地表达出来。纳博科夫是慢性失眠患者，常常宣称他痛恨梦境，尤其讨厌把它们当成清醒生活的诠释工具（他特别怀疑精神分析，经常在文章里出现嘲弄弗洛伊德的言论）。对纳博科夫来说，清醒世界与人类知觉的奇迹有更加诱人的奥秘，更值得做知性的探索。虽然死亡在纳博科夫的作品里是关键的主题，但这位作家似乎对来世抱有一种开明又正面的观点。在他的自传《强烈意见》里，他这么表示："生命是伟大的日出。我看不出为什么死亡不该是另一场更加伟大的日出。"

喔,死神,你这治愈者啊,我请求你,不要拒绝来到我身边;对于不治之症,你是唯一的医师。痛苦也不会触及一具死尸。

——埃斯库罗斯(约前525—前456)

埃斯库罗斯

埃斯库罗斯与欧里庇得斯、索福克勒斯齐名,是古希腊的伟大剧作家之一。他出生在富裕的雅典家庭里,有符合希腊传统的古典教养,被认为是特别受到荷马作品的影响,他孩提时代很热衷于阅读荷马。关于埃斯库罗斯,有许多彼此冲突的"传记",对于他的"伟大",还有许多其实没有事实根据的主张。有个传说是:他年轻时在他父亲的葡萄园里工作,他睡着之后,掌管酒与制酒(所以也是狂喜、迷醉与疯狂之神)的希腊酒神狄俄尼素斯在梦中造访他,并命令他成为一位剧作家。然而大多数描述都认为,埃斯库罗斯的军旅生涯出色卓越,打过马拉松之战。很奇特的是,他的墓碑上盛赞他的军事才能,却完全没提到他身为剧作家的部分。

在有记录可循、被认为在埃斯库罗斯有生之年写下的七十多出戏里,只有七出戏完整保存至今。埃斯库罗斯固定参加古希腊剧场的重大节日戏剧比赛,一般认为他的作品曾经赢得超过12个奖项。根据传统,戏剧比赛是由三位剧作家提出他们的作品,由三部曲连作(悲剧)与一出较短的羊人剧(一种喜剧作品,近似讽刺剧或滑稽短剧组成)。埃斯库罗斯的斩获胜过他的同代人欧里庇得斯(赢得5次)与索福克勒斯(赢得18次)。

亚里士多德写道,埃斯库罗斯的天分在于他对希腊剧场传统的发展。埃斯库罗斯被认为是第一位替多重角色建构戏剧,进而在戏剧中明显呈现内在相互关系与冲突的剧作家（先前的古典希腊戏剧，只由一位主角和一组合唱队构成）。埃斯库罗斯最著名的作品是《奥瑞斯提亚》——一部完整的戏剧三部曲，内容是关于传说中的阿果斯之王、特洛伊战争英雄阿卡曼农的生平与家庭。

"喔，死神，你这治愈者啊，我请求你，不要拒绝来到我身边；对于不治之症，你是唯一的医师……"这段引文是许多把埃斯库罗斯列为作者的现存片段诗句之一，这句话的不寻常之处，在于埃斯库罗斯大部分的作品里，包含对人类（以及相信自己是神的人类）与神祇关系的探索。

然而，它其实是对于死亡之不可避免而做的清楚思索，其中并未诉诸来世，也没有仰赖天堂或地狱，因为死亡是生命的"不治之症"唯一的解放之道，而且"痛苦也不会触及一具死尸"。

被乌龟杀害

根据传说，埃斯库罗斯死于人能想象得到的其中一种最难堪的死法。在公元前456年，埃斯库罗斯旅行到西西里的杰拉市,想要在安静的沉思中过完余生。埃斯库罗斯是个大个子的男人,有圆顶的光头,习惯在午后的阳光下笔直地坐着打盹,就像沉思中的佛陀。根据传说,有一只老鹰从空中飞过时,把一只乌龟砸在埃斯库罗斯的头上,并杀死了他。据说这只老鹰把不动的埃斯库罗斯误当成一块岩石,并想借此砸开那只乌龟的壳。

任何像死亡如此自然、如此必然,又这样普遍存在之事,应该不可能会被天意设计成对人类来说的恶。

——乔纳森·斯威夫特(1667—1745)

斯威夫特

乔纳森·斯威夫特是出生于爱尔兰的 18 世纪讽刺作家兼神职人员,以《格列佛游记》(1726年)与散文《一个温和的建议》(1729 年)而闻名。

1667 年出生于都柏林的斯威夫特,是老乔纳森·斯威夫特与艾比盖儿·艾瑞克·斯威夫特的独子,而他的父亲在他出生前就猝死了。之后,斯威夫特的母亲移居英格兰,把他留给他的叔叔高德温·斯威夫特照管。高德温把他送到声望卓著的吉尔肯尼文法学校去学习，然后在都柏林的三一学院完成他的教育。斯威夫特起初计划在三一学院继续他的学术生涯，但爱尔兰因为1688年所谓的光荣革命，还有奥伦治的威廉及其妻玛丽的登基而引起政治动荡，导致斯威夫特抛弃了他的研究，逃往英格兰。

通过他的家族关系，斯威夫特得到一个职位：担任卓越的外交官威廉·坦普尔爵士的秘书。斯威夫特的工作是帮忙编辑坦普尔的回忆录与其他文件，而通过这位外交官，他也被引荐给英国社会更高阶层的人。斯威夫特因为健康不佳，许多次被迫回到爱尔兰（他罹患了美尼尔氏症，一种会导致晕眩头昏的症候群）。而他在家乡的时候，在爱尔兰圣公会教区内担任几个较次要的职位，大部分都不太成功。

斯威夫特数次回到英格兰，继续与他的良师威廉·坦普尔之间的工作，而1699年坦普尔去世后，他开始了自己的文学与政治生涯。虽然以

《格列佛游记》闻名遐迩,但斯威夫特的名声有好也有坏,因为他是多产又凶猛的论战小册子的作者与记者。他的主要写作内容,是讽刺他与政治精英交手时见到的腐败与虚伪以及嘲讽那些浮夸、不公不义以及错误的知识。在《一个温和的建议》这篇讽刺文里,斯威夫特用小心翼翼建构的逻辑,对爱尔兰贫民的人口过剩与饥荒提出一个解决方案:他建议,应该把小孩当成给富人的粮食材料来喂养。

斯威夫特没能得到英格兰教会指派重要职位,挫败之后回到爱尔兰,接受了都柏林的圣帕特里克主教座堂司祭长一职。他继续从事写作,同时结合了他的教会义务,变成一个对爱尔兰的中心理想大声喧哗的支持者,以及反贪腐的鼓吹者。虽然斯威夫特尖刻的批评并没有放过哲学家(或科学家),但是普遍来说,他谈神学与宗教的无数作品,对于宗教在社会中所扮演的角色,有一种坚定的哲学性倾向。对斯威夫特来说,宗教、道德与政治全都有内在的关联,而他对于企图定义并限制正统性的神学思想或教条之中的扭曲现象有所痛惜。斯威夫特相信,基督教的真理因为人类制造分歧的态度而被滥用并腐化,在整个历史里,就是这些态度导致了基督教信仰的整体衰败。因此,他相信基督教已经失去它的明确性与对简单美德的意识。斯威夫特的厌恶之感,可以从这句引言里看出来:"任何像死亡如此自然、如此必然,又这样普遍存在之事,应该不可能会被天意设计成对人类来说的恶。"因为斯威夫特认为对死亡的恐惧,还有从中引申出来的来世,是跟神的意志相反的,所以只是一种人类心灵想出来的迷信。

请原谅我所留下的尘土。

——多萝西·帕克（1893—1967）

帕　克

多萝西·帕克是一位美国作家，作为记者、诗人、电影剧作家及短篇小说家，成就斐然，虽说她最知名的是她尖酸刻薄却又机智的隽语。她原本的姓名是多萝西·罗斯柴尔德，生于新泽西一处海滨旅游胜地朗布兰奇。她的父母具有苏格兰裔与德裔犹太人的血统。她第一篇公开发表的诗作，刊登在声誉卓著的纽约杂志《名利场》，当时她年方二十。

帕克的重大突破，是在英国作家 *P. G.* 伍德豪斯休年假时，替代他在《名利场》当剧评家。她严苛的风格与锋利的幽默感，很快就让她在这份杂志的其他写手同僚——罗伯特·本奇利与罗伯特·E. 舍伍德——注意到她，后来他们三个人变成了密友。她与本奇利和舍伍德的友情，让他们定期在阿冈昆旅馆午餐约会，也导致传奇性的阿冈昆圆桌［他们自称是"恶性循环/邪恶小圈圈"］成形。这是一个松散的作家集会，他们在各自的多样报刊专栏中也定期会提到彼此。

帕克很快就出名了：她有快如闪电的机智，使诗作中有一种狡狯、反讽又自嘲的调性，她出版了好几部受欢迎的诗歌与短篇小说集。然而她的评论通常是傲慢轻蔑的，而且是刻意如此，到最后，她在1929年被《名利场》炒鱿鱼。

在"邪恶小圈圈"解体之后（多半是因为环境条件与经济原因，而不是因为有任何严重的分歧），帕克跟着本奇利去了好莱坞，追求成为电影剧作家的目标。帕克嫁给演员亚伦·坎贝尔，他们两人为几个好莱坞片场当不受合约束缚的自由作家，起初得到一些成功［帕克在1941年因为参与《小狐狸》的剧本创作，被提名奥斯卡奖］。然而帕克的忧郁症屡屡发作，加上酗酒，还有坎贝尔暧昧模糊的性取向——据说帕克一度在一个好莱坞八卦专栏里，说她丈夫"怪得像只公山羊（暗示他是同志）"——让他们的关系变得颇为紧张。传说帕克一生中至少有三次曾考虑自杀。

从1920年中期开始，多萝西·帕克对人权议题发生浓厚的兴趣，尤其关注民权运动，定期出力支持集会与游行。在1930年代晚期，帕克也协助在好莱坞成立一个反纳粹团体（当时她并不知道，这个组织被卧底的苏联间谍渗透了）。可悲的是，帕克的政治活动跟结盟关系，导致她被列名在好莱坞的共产党同情分子黑名单里，也导致她的电影剧作家生涯告终。

在她的丈夫因为服用药物过量而死之后，帕克回到纽约。她虽然受制于对酒精的依赖，还是断断续续地走写作之路，并且偶尔出现在固定的广播节目里。在她晚年的许多专访中，帕克通常会压低

"邪恶小圈圈"的传奇性,把其中的成员描绘成多半是自满又自以为聪明、才华有限的野心家。

1967年,多萝西·帕克因为心脏病发作死于纽约。她把全部的遗产都留给马丁·路德·金博士基金会,后来又传给全国有色人种协进会,这是美国的一个主要民权团体兼慈善团体。

多萝西·帕克的骨灰,在她律师的办公室里的某个档案柜里放了将近二十年,这有一部分是因为她的遗嘱条款引起一场漫长而相当激烈的法律争议,还有一部分是因为从来没有人来领取。

在1988年,全国有色人种协进会在他们的巴尔的摩办公室外面,建造了一座纪念多萝西·帕克的公园,最后总算为她找到安息之所。在放置她骨灰处上方的牌子上有一行铭文,里面是帕克拟好给自己的墓志铭:"请原谅我所留下的尘土。"

不朽

虽然在主题上常常重复,帕克的诗还是很受欢迎。帕克通常通过她的诗,用一种讽刺而充满奇思异想的方式,思索生命与死亡的意义与脆弱性。在《反生命押韵诗》里,帕克思索了自杀偶尔会散发的吸引力,如果考虑到她在酗酒忧郁的黑暗时期,曾经多次尝试自杀失败,这首诗几乎可以解读成把自杀当成控制个人命运终极手段的理想化想法。然而有趣的是,她的作品可视为达成征服死亡的不朽存在:维京出版社为二战时的美军而推出的"随身书"名作家选集系列,只有三种出版物从来没有绝版过——莎士比亚作品选集、钦定版《圣经》,还有随身版《多萝西·帕克作品》。

别这么害怕死亡,该害怕的反而是贫乏不足的人生。

—— 贝尔托·布莱希特(1898—1956)

布莱希特

贝尔托·布莱希特被公认为 20 世纪最有影响力的剧作家之一。身为多产的作家与剧场工作者,布莱希特广为人知的是他对舞台表演的实验性方法,其中最出名的是他信守"史诗剧场"的形式与惯例。史诗剧场[或称"辩证剧场",布莱希特偏爱这种称呼]是一种回避自然主义或写实主义的戏剧形式。舞台上呈现的戏剧安排,在特定的间隔刻意被打断,插入歌曲、舞蹈、哑剧,并使用古典希腊合唱队来叙述剧情发展，甚至偶尔还用上戏偶，还有马戏团的空中飞人跟小丑。

这种对于写作与表演戏剧作品的前卫处理方式，并不是欧洲流行的"反艺术"（像19世纪20—30年代正时兴的超现实主义与未来主义）的一种任意发挥形式（尽管表面上看似如此），它反而是以严峻的政治与意识形态教条为基础。布莱希特是个坚定的马克思主义者，而且想方设法试着改变社会——达成的方式是，攻击他相信资本主义社会里中产阶级的固有价值观会带来的危险，并且提倡劳动阶级革命的美德。

布莱希特采用术语 *Verfremdungseffekt*（即"疏离效果"）来描述他的戏剧方法。他处理剧场的激进方式是剥掉观众身上的中产阶级身份与期望所带来的舒适，借此让他们产生疏离感，并且通过强烈抗议标准剧场经常出现的美化的逃避主义，使观众感到震惊而采取行动。布莱希特相信，只有借助观众与舞台上描绘的行动之间创造出一种距离，他作品背后的信息与意义，才能够得到完整的评估、吸收与理解。

"别这么害怕死亡，该害怕的反而是贫乏不足的人生。"这句话取自布莱希特的剧本《母亲》。《母亲》写于 1932 年，当年于柏林首演，改编自俄国社会主义作家马克西姆·高尔基的同名小说。情节是关于一位工厂劳工兼政治运动家的母亲，还有她经历艰苦不幸，直到革命实践的启蒙为止的旅程。起初，剧中的这位女主角被描绘成一个被践踏压迫、教育程度低（她不识字）又卑微的人。随着她开始从她儿子与他那群激进派朋友身上学习，她逐渐决定在他们的斗争中扮演积极的角色，并且弃绝她的恐惧与焦虑。最后，她的儿子在一次劳工暴动后被捕，受审后被流放到西伯利亚——这暗示着他可能会死。然而这位母亲在悲恸的刺激下，誓言继续这场斗争，因为活在这样的压迫之下，接受这种生存状态，如同过着"贫乏不足的人生"，相比之下，死亡还比较好。

在魏玛共和国（1919—1933）的动荡年代里，布莱希特参与了一连串的剧本与戏剧制作，《母亲》只构成其中的一部分。这种 *Lehrstücke*（学习剧）是布莱希特对于德国当时政治动荡以及希特勒与纳粹主义崛起夺权投下的阴影所做出的反应。《母亲》的第一次演出被纳粹爪牙干扰，他们对演员丢掷烂蔬菜，在整场表演里大声嘲笑、大喊纳粹口号，几乎激起暴动。布莱希特害怕受到进一步的迫害，先是逃离德国前往斯堪的纳维亚，然后在第二次世界大战爆发时去了美国，他在这里写电影剧本，获得有限的成功。讽刺的是，以他作为政治异议者与难民的身份，布莱希特因为同情共产党而被列入黑名单，最后回到东柏林，1956 年死于该地。

死亡对生者来说是确定无疑会发生的,而出生对死者来说也是确定无疑已发生的;所以,对于无可避免之事,你不应悲恸。

——《薄伽梵歌》第二章

《薄伽梵歌》

《薄伽梵歌》是包含在古典梵文史诗《摩诃婆罗多》之中,由 700 行诗句构成的圣典,是构成印度精神的一块基石。它成书的时代不明,但据推估大约是在公元前 5 世纪到公元前 2 世纪(虽然也有年代较早、未经修订的版本存在)。

《薄伽梵歌》的背景是两支敌对的部族俱卢族与般度族在哈斯蒂纳普尔(位于今日的北印度)王位争夺大战前夕,俱卢族控制了整个王国,却不是名正言顺的继承人（虽然两支部族都是同一个家族的分支），般度族的阿周那王子，率领同情般度族、由不同印度部族组成的大军抵达俱卢之野。就在战争即将开始之前，阿周那王子心中产生种种疑虑，思索着挑起血腥战争来对抗自己的家族与朋友是否明智？所以他转向他忠诚的战车驾驭者黑天，寻求建议（很巧的是，黑天正好就是乔装成人的神）。

《梵歌》重述了阿周那与黑天的对话。对阿周那来说，杀戮是一种罪恶，杀死自己的同族人是所有罪过中最大的一种罪恶。黑天通过一连串哲学与性灵上的奇思异想的比喻做出解释，推论为什么阿周那有义务要为他的王国而奋战。黑天的论证核心是在生、死与重生"轮回"之中的"业"的概念。黑天解释说，身体死去后一再重生，然而灵魂是永远不死的。一个自私或不虔诚的人注定留在这个循环中直到永远，而唯一达到灵魂消解、自由与觉醒的办法，是无私地采取行动，为神服务。业是因果的基本法则，说的是无论一个人采取什么样的行动,是好是坏,最后都会冲击他们的灵魂,并且在他们重生时导致苦难。恶行就其本质来说,会导致恶业,灵魂在死亡与重生的循环中可能会累积相当多的业障,必须以良善(虔诚)或无私的行为来偿还。黑天论证说,身为战士的阿周那有义务为名正言顺属于他的东西而奋战;每个人都应该按照他的真实本性来行动,因为真理是通往正义的通道。身体是瞬息即逝的("死亡对生者来说是确定无疑会发生的"),灵魂则是永恒的("而出生对死者来说也是确定无疑已发生的"),阿周那"不该"为那些将会死于战场的人"悲恸",因为他们会一次又一次重生,直到他们达到觉醒。

从表面上看,黑天的论证似乎是相当薄弱的辩护之词,任何跟战争与杀戮、是非有关的道德律令,他都避开不去质疑。然而大多数评论者把《薄伽梵歌》之中的战场背景当成是寓言性质,而非字面上陈述的事实,并且把这段文字联结到个人在是非善恶之间做选择,还有为性灵自由挣扎这样的战役上。

甘地最喜欢的书

印度独立运动领袖圣雄甘地非常欣赏《薄伽梵歌》,他说这本书是他的"道德字典",无论到哪里都带着一本。1920年代坐牢期间,甘地写了一篇《薄伽梵歌》的详细注释,他在前言里写道:"我在《薄伽梵歌》里找到一种安慰……在我孤身一人面对失望的处境,看不到一丝希望之光的时候,我回头去读《薄伽梵歌》,我会在此处或彼处找到一句诗,而在难以承受的种种灾难之中,我也能即刻微笑。"

第五章
论人与社会

"不管再怎么精致化处理,或者经过诱人的重新包装,我们都无法借由复制令人厌恶的过去来向前创造一个新社会。"

—— 纳尔逊·曼德拉(1918—2013)

"社会"一词似乎从来不曾远离政客与政治理论家的嘴。在近期,大社会与破碎社会主宰了政治与媒体风貌。撒切尔夫人有个知名的主张:没有社会这回事。然而罗马皇帝奥勒留却在他的《沉思录》里为爱与团结请命。达尔文也问道,贫穷是否真的是自然选择下的副产品("最适者生存"),或者是社会中有某些结构与机制导致贫穷与苦难。卢梭、尼采与加缪全都对社会及其弊病抱有相当消极的观点,虽然卢梭至少曾努力处理如何让社会变得更好的种种观念。

苏珊·桑塔格更关注的是为全体的善,与对抗不义而采取行动。来自纳尔逊·曼德拉的引言,是引用自他的诺贝尔和平奖致谢词,谈的是种族隔离政策结束后,南非成立真相与和解委员会。在这种状况下,至少在理论上,借着让犯下暴行的人与他们的受害者和解,过去的不义可以被抹除。这个过程实际上有多少效果尚有争议,尽管如此,这仍代表一种具有启发性的激进观念。毕竟就像曼德拉话中的含义,一个不接受过去而继续前进的社会，无论它包容了什么样的恐怖行为，都很可能会复制同样的错误。

没有社会这样的东西存在。只有作为个体的男人、女人,还有家庭。

—— 玛格丽特·撒切尔(1925—2013)

撒切尔夫人

现代英国史上,鲜少有政治领袖像其前首相撒切尔一样,让公众意见如此明显地分歧。撒切尔受人崇敬与谩骂的程度一样高,让人记忆最深刻的是在1982年,英国与阿根廷为马尔维纳斯群岛而起军事冲突时,她所扮演的角色,以及她信守的某种自由市场经济模式——通常被称为撒切尔主义。

撒切尔知名的主张——没有社会这样的东西

存在,通常被认为(至少她的政治诋毁者是这么想的)是她很清楚的宣言,说出了自由市场资本主义核心的自私,而且拒绝社群与集体福利的观念,拥护个人主义与贪婪。这句引文通常会被抽离脉络,挪用到各种不同的情境。这句话被假定构成了保守党会议或某个政治集会中演讲的一部分,但事实是,这句引文的来源,实际上平凡得多。

在1987年10月,《妇女世界》周刊刊登了一篇撒切尔的深度专访。在此之前三个月,由撒切尔夫人领导的保守党又一次获胜,第三度执政,这是150年来第一次有政党领袖连赢三次普选。他们在下议院里占了很有分量的多数席次,这个政府很自然地把他们压倒性的胜利,当成是英国大众认可了一项计划中的社会与经济改革方案,其中最明显的做法,就是把国有企业卖给私人公司。

撒切尔主义的核心信念是,世界经济的发展已经让支持国有企业变得无以为继了。让公共事业的经营，通过私人拥有而对自由市场开放，限制劳工运动并且仔细地控制通货膨胀，个人可以通过减税与物质利益，享受他们劳动的果实，并因此达到社会流动。在《妇女界》的专访中，撒切尔大致描述了她的观点——社会流动性是由于过度依赖国家机构以及一种自觉理直气壮的文化给扼杀的："我认为我们经历过一段时期，在此期间太多人得到的理解是，如果他们碰到问题，便认为解决问题是政府的工作。""我有个问题，我会拿到补助金。""我无家可归，政府必须给我房子住。""他们把自己的问题扔给社会……人们太把应得的权利放在心上了，却没有想及责任。没有应得权利这种东西，除非某人已经先尽到责任。"

撒切尔明显偏爱让个人的权利凌驾、超越社群的整体需求，但为她辩护的人则声称她的名言是被扭曲了，实际上那句话是呼吁个人为自己的生活负起责任，而不是依赖国家供应他们的每一种需要。的确，在专访比较后面的部分，撒切尔说明:"我们有义务照顾自己,而且也要照顾我们的邻居。"

从哲学上来说,撒切尔主义有对19世纪古典自由放任主义的回应,还有从18世纪社会评论家——如亚当·斯密和埃德蒙·柏克——所发展出来的观念。亚当·斯密是撒切尔夫人特别喜爱的作家,她很钦佩他在著作《国富论》(1776年)中的论证,勾勒出一个造就经济繁荣的模式,以理性自利与自由市场竞争为基础。撒切尔有一次声称,在她那个知名的手提包(她鲜少不带手提包就公开露面)里就带着这一本书。

"社会无法'认为'……"

撒切尔著名的断言,"没有社会这样的东西存在",其可能的灵感来源之一,是政策研究中心主任蒂姆·诺克斯曾经提出的看法。政策研究中心是在1974年由撒切尔、阿佛瑞·谢尔曼与基斯·约瑟夫爵士共同创立的右翼智库,筹划保守党的自由市场经济政策。蒂姆·诺克斯的父亲奥立佛·诺克斯在1980年代担任出版主任，他的一部分职责就是校订要出版的讲稿。奥立佛·诺克斯最讨厌的语病之一，就是同感谬误——把思想跟感情挪用到物体或事物上。有一天在校正一份政策文件时，诺克斯瞥见一段陈述，用这些话起头："社会认为……"他把这句话划掉，愤怒地在边缘补上注记："社会无法'认为'，没有社会这种东西。"在另一位同事大卫·威利茨问起这句评论时，诺克斯疲惫地指出"社会"是一种抽象概念，不是一个能够做个别或集体思考的东西。

几天以后，威利茨出席唐宁街十号由撒切尔夫人主持的一个政策研讨会。其中一个研讨会成员犯了同样的错误，声称"社会认为……"威利茨就用诺克斯的相同说法纠正对方。威利茨声称是撒切尔要他重复她说过的话，并在他的笔记里草草记下这句话，为将来可能的需要做准备。

(神)不玩骰子……

—— 阿尔伯特·爱因斯坦(1879—1955)

爱因斯坦

1920年代,阿尔伯特·爱因斯坦第一次说出这句话时,是在跟他的朋友马克斯·玻恩讨论一个量子力学议题。这句话其实本质上跟宗教无关,只是表达他不赞同数学分歧性的概念。

爱因斯坦坚信,宇宙应该是可以通过物理定律完整预测的。然而,量子力学的新观念却指出,某些领域的预测可能比乱枪打鸟没好多少。用上"神"这个词汇,只是寓言式地以例子说明爱因斯坦相信恒常稳定的定律,并不指涉任何实际的存在物。

爱因斯坦后来对量子力学的观念并没有接受，而且耗费他的余生，寻求大一统理论，想把相对论的宏观世界跟量子的微观世界连结在一起，结果却失败了。

历年来许多宗教评论家引用这句话，声称爱因斯坦是教徒，或者至少不是无神论者。事实上，关于爱因斯坦的宗教信念，真相并不是那么直截了当；就像许多科学家一样，他处理的不是绝对性，而是可能性，所以他不会明确地否认神的存在。

爱因斯坦本身对物理学的重大贡献，是狭义相对论与广义相对论。这些理论被概括在很可能是史上最有名的方程式里：$E=mc^2$。

爱因斯坦的名字，还有他一头狂野乱发的外表，都已经成为天才的同义词。这不仅因为他假设的理论很复杂、让人不安又违反直觉，还因为他在看来没有太多证据（如果真的有证据存在的话）支持的状态下，看似光靠能产生重要结果的思考，就想出这些理论。这是典型的向黑暗中纵身一跃，是把天才跟只是很聪明的人区别开来的火花。

这也是民间传说的一部分：爱因斯坦是在瑞士伯恩专利局工作的闲暇之余有了这些发现。虽然在表面上看是真的，通常被忽略的事情是，他在这个部门的大半工作是具有专门性的，处理的是电磁设备的专利。这牵涉处理关于电磁信号传输以及电机同步的时间问题：这两个技术问题，在他设想他的理论时，对他所做的激进思想实验来说是关键性的。

亚瑟·爱丁顿爵士前往普林西比岛观察1919年日食的观测，证实了爱因斯坦的理论，而这个划时代的理论后来在《泰晤士报》上公布，让爱因斯坦变得举世闻名。他在1921年获得诺贝尔物理奖。

1933年，属于他知性上最有生产力的年代过去许久之后，纳粹崛起夺权，那时他正在美国演讲，结果他再也没有回到德国。

1939年，第二次世界大战开始后几个月，爱因斯坦刻意把他的影响力施加于一群匈牙利物理学家团体发起的行动上，对核武器造成的影响战局的可能性提出警告。很反讽的是，大家也都同意这一点——为曼哈顿计划的发起铺路，而该计划导致了第一颗原子弹的制造。

爱因斯坦的大脑的奇特命运

关于爱因斯坦大脑面临的遭遇，有过一些揣测。他死后大脑被取出，不过这是否经过他的同意则有争议。随后进行的一些验尸，也可能不过就是以检视照片为基础的猜测性推论。这些结果指出他的大脑处理计算能力与推论的某些区域有些增大，也指出有些畸形或消失的区域让神经元可以沟通得更好。他的大脑现在大部分收藏在费城的马特博物馆，但在现存240个左右的碎块里，有两个出借到大英博物馆。

爱因斯坦的智商估计值是160—180——非常高，但低于艾萨克·牛顿爵士——关于我们对宇宙的理解，牛顿提出的理论先经过爱因斯坦的扩充，最后则被他的理论取代。

接受命运束缚于你的那些事,去热爱命运让你们聚合的那些人,然而要全心全意地去做。

——马可·奥勒留(121—180)

奥勒留

这句引文常被自我励志书籍与贺卡制造业(错误地)挪用,也经常被当成婚礼与葬礼上含糊其词的应景俗套。然而奥勒留真正的意思,放在他整体哲学的脉络里来看,可能比乍看之下更加实际而具有目的性。

在"罗马五贤帝"里(这是哲学家马基雅弗利发明的称呼),奥勒留是最后一位,出生于公元121年4月26日。他跟路奇乌斯·维鲁斯从161

年一起继承皇位，共治罗马到 169 年维鲁斯去世为止，从这时开始，奥勒留继续统治，直到他在公元 180 年 3 月 17 日死于现在的维也纳（当时他正在讨伐日耳曼部族）。奥勒留被认为是慈善、热忱与忠诚的统治者，对罗马帝国的奉献精神高过一切。根据推测，他的责任感与善心，是他信守斯多葛主义的结果。他是斯多葛学派虔诚的学生，致力于把他的信念付诸实践，通过他对这种哲学的理解与诠释过他的生活。他之所以青史留名，不只是因为他是成功的罗马皇帝，也是因为他的《沉思录》——在斯多葛主义中找到立足基础的希腊文作品。

斯多葛学派相信有自然律的存在，人类受到这些律法的支配，有道德的人生就是在这些律法下生活，并且完全接受这些律法。一个人应该要沉着并带着某种程度的情绪疏离，以面对人生的变化无常。所以，现代人在奥勒留的引言里强调"爱"是错误的，这句话的实际重点是接受一个人的命运。

斯多葛学派在艰难困苦的时代诞生，虽然这种思想可以被解读成许多现代英雄主义文学的模板，在咬紧牙关苦撑的英国公学学生/第一次世界大战军官的刻板印象里，特别容易辨识出来。

对于人类的自然天性，奥勒留可能也比大众刚开始理解的更有先见之明。他的沉思极有可能刻意反浪漫主义，或许还有点犬儒主义，而事实上现代社会心理学有许多观念是脱胎于他所说的话，就像"接近性"现象所阐明的。这是现在已获得证实的观察：在彼此近距离内行动的人类（比如在工作场所里），较可能发现自己无意中因彼此吸引而继续发展出关系。换句话说，你越常暴露在某个人面前，你们就越有可能互相吸引。这是对于爱相对平凡无奇的解释，跟通常的浪漫概念背道而驰——浪漫概念把这种情绪归于天意、祈祷或机缘巧合。某天你的工了很可能会来，但他有可能来去匆匆，而在办公室里坐在你对面的家伙实际上比较好。

所以关系中的成功，并不在于对一见倾心的

摒弃；而在于有实际、可行的关系，并且加以经营，从而使这些关系得以维持。奥勒留明白这一点，而这就是这句引言打算传达的意思。他是皇帝、士兵、斯多葛学派成员，而且可能是世界上第一位人生问题专栏作家——马可·奥勒留。

马可·奥勒留：角斗士的赞助人？

奥勒留被用来当成电影《角斗士》里理查德·哈里斯扮演的角斗士的原型。然而在正史里，并没有任何给马克西姆斯将军（罗素·克洛扮演的角色）的委派令。

历史记载，奥勒留提名他儿子康茂德做他死后的继承者，而不是像电影版本中提名麦希穆斯。然而某些史学家怀疑，康茂德在他父亲的死亡中动了手脚。不过，康茂德并非死于竞技场；他是被一名摔跤力士杀死的。而在康茂德死后，罗马并没有像电影中暗示的那样回归共和制度。

至于罗素·克洛的角色，麦希穆斯·德希穆斯·梅利狄乌斯则是虚构的人物，虽然确实有位名叫艾维迪乌斯·卡西乌斯的将军，在电影描绘的战役中作战，接着他在听闻奥勒留的死讯后，自称为罗马皇帝。

不过，他底下的士兵却刺杀了他。之后在罗马历史上，有一位名叫马克西姆斯的将军，他似乎也有过一些革命性的想法。

康茂德确实如同电影中描绘的那样，有个憎恨他的姐姐叫露西拉。露西拉嫁给了共治皇帝——路奇乌斯·维鲁斯。她派人暗杀康茂德，康茂德为此阴谋将她流放，后来处决了她。所以不像电影里所叙述的，实际上康茂德活得比他姊姊久。根据传闻，不是露西拉，而是另外一个姐姐跟康茂德有乱伦关系。

最后，马克西姆斯手臂上的刺青是"SPQR"。这些字母指的是常用的拉丁短语，"*senātus populusque rōmānus*"，意思是"元老院与罗马人民"。然而一位罗马将军不太可能有这样的刺青，因为只有外国人跟低阶市民才会有刺青。

如果穷人的悲惨处境不是由于自然律,而是因为我们的制度导致的,那我们就罪孽深重。

——查尔斯·达尔文(1809—1882)

达尔文

这个评论并不构成对穷人状态的一部分谩骂攻击,反而比较像是达尔文在《小猎犬号之旅》最后一章里,在他五年的旅程接近尾声时,反思奴隶状态的一句旁白。当时的奴役制度辩护者长期以来一直声称,奴隶并不比社会上的穷人处境更差,还暗示说,事实上从某些衡量标准来看,他们还过得比较好,因为他们有善心主人的保护,主人会因为自利而采取保护奴隶的行动。达尔文在此挖苦地表示,他怀疑穷人可能不只是因为自身能力不足而贫困潦倒,还可能因为社会中有些结构助长了这种不平等,而这就像奴隶制度一样,是不自然的。或许,这也反映了他日益增长的社会良知。

《小猎犬号之旅》是一本科学游记兼个人日记,用精准的维多利亚时代散文体写成,反映了达尔文身为博物学家的发展成长,还有他精于观察的慧眼。虽然许多他后来会加以扩充的主题都已经出现,但此书跟他划时代的作品《物种起源》并不是同一个等级(《物种起源》在许多年后革新了科学思维),然而这部游记在当时替他赢得了很大的赞誉。

大众流行的说法认为,达尔文多年来始终致力于对进化论的研究,直到他面对仰慕者阿尔弗雷德·拉塞尔·华莱士将侵占其成果的威胁,才被迫发表。这个说法在某种程度上而言是真的,但如认定进化论像爱因斯坦所做的那样,是朝向黑暗的一跃,则是不准确的。有很多证据显示,同时代的"博物学家"(当时的科学家喜欢这样被称呼）有较原始的达尔文派思维的,他的祖父伊拉斯谟斯·达尔文就是这样的。

尽管如此,达尔文对科学界的影响力,除了爱因斯坦以外无人能及,然而因为他的作品对进化论的种种贡献,他的影响力可能更大些。

《物种起源》在1859年首度出版。整个欧洲带着无比浓厚的兴趣,接纳了这部开创新纪元的作品。尽管如此,它在许多方面还是受到猛烈抨击,因为它不符合《创世纪》中对人类创造所做的叙述。然而到最后,此书成功地得到几乎所有生物学家的承认。达尔文在《人类的由来》中继续发展他的论点,不过他后来的作品在规模上就没那么戏剧性了——他最后的著作是《腐殖土的产生与蚯蚓的作用》(1881年)。

太上，下知有之……悠兮，其贵言，功成事遂，百姓皆谓我自然。

——老子（中国春秋时）

老 子

老子是富于传奇性的中国哲学家，他的作品奠定了道家这个思想学派的基础。道家对于亚洲哲学、神秘主义与宗教有重大的影响，现今世界上大约有 200 万名道家理论的追随者。老子唯一为世人所知的书面著作，是一本由简短的格言与思想所构成的书，叫作《道德经》（有多种英文译本，但根本意义是"美德之道与自然之道"）。在《道德经》里，老子致力于处理宇宙本质、人类在宇宙中的地位、善恶的本质等重大主题。

在本质上，老子的观点是：生活的最佳方式是顺从自然的秩序，这是一种同时在个人与社会之内与之外共存的力量。自然的秩序或力量，就包含在道的概念之中，这是一种早已存在、生机蓬勃而又难以定义的整体，能引发所有人和事物，然而并不会决定其命运或结果；简而言之，就是"存在"的一切。为了过快乐而满足的生活，一个人必须设法与道"合而为一"。德是道的力量与美德呈现在宇宙万物的本质之中。为了达到德与道之间的平衡，我们应该陶冶三种简单的美德：单纯（无）、虚空（朴）与不行动（无为）。虚空被认为等同于没有自私自利的思想，这样才能培养对所有事物的同理心。根据《道德经》，老子用下面这句话来总结他的教诲："我恒有三宝，持而宝之。一曰慈，二曰俭，三曰不敢为天下先。"

老子生平的细节（就像他的哲学一样）有几分模糊不明处，导致几位现代学者认为他可能从未存在过，以为《道德经》是好几百年来由许多人共同写成的。此书已知的最早版本（写在竹简上),是在老子(根据真实性可议的传说)失踪之后两个世纪才出现的。司马迁在一世纪所写的《史记》中,大致描绘了老子的生平传略。根据《史记》的说法,他曾担任藏书室官员,是周朝某位皇帝的主要智囊与抄写员,并且在当时首次教导了孔子这个学生。然而老子对宫廷政治感到失望,即辞去官职,变成巡游各地的教师。最后他去了函谷关,在隘口,关尹(看守通道的官员)招呼老子,他相信这位年老的大师是要进入下一个世界,他要求老子为后世记下他的思想。老子于是就坐下撰写了《道德经》,然后才消失在山中,从此再也没人见过他(虽然道家人士相信老子在印度落脚,在当地变成佛陀的老师,活到160岁高龄)。

虽然原则上,有很多话可以教导人同情、同理与耐心,"无为"的概念导向种种关于个体与集体责任的问题。光是顺其自然,就可以被看成把头埋在沙里,希望一切都能自己理出头绪的借口。老子对于一个有效领导者的观念——一个言论或行动几乎让人注意不到的人,如同上面那段引言所勾勒出的轮廓——在好几个世纪以来,已经被无数反专制运动采用,尤其是不同生活形态与无政府主义集团的新世纪支持者。或许老子暗示,根本不需要领袖,因为这与事物的自然状态与秩序(道)相抵触。或许,如果关于他生平的古老叙述能从字面上信其为真的话,老子对于统治者及其臣民的意见,是受到他在古代中国宫廷亲身体验的狂暴而又变化无常的经验所影响。

在个体身上，疯狂是罕见的；但在群体、党派、国家与时代里，这是规则。

——弗里德里希·尼采（1844—1900）

尼 采

弗里德里希·尼采，知名的德国哲学家，是传播格言警句、铿锵有力宣言与主张的大师，而他鲜少提供支持的论证或证明来替这些话背书（他不觉得有必要）。尼采的仰慕者指出他作品中有意采取的文学风格让他能自由探索各种深奥难解的主题。此外，有人主张尼采刻意选择格言式的风格，作为回避形而上学的手段——形而上学在19世纪晚期钳制着欧洲哲学。

上面的引言是尼采式格言的经典例子——简

短、有决定性，并且刻意自相矛盾。这句话取自尼采的作品《善恶的彼岸》，一种螺旋式、从多个方面对西方哲学传统展开攻击，尤其是针对好人与坏人之间对抗的道德真理下手。尼采在这部作品里，写下大约 120 则这样的格言与简短的片段诗句。从表面上而言，这段陈述似乎自相矛盾，因为"党派、国家与时代"里，不都充满了个人吗？或者说，尼采是在鼓吹对抗集体意识的观念吗？他把这看成一种疯狂的形式吗？在《善恶的彼岸》的其他地方，他还特别痛斥他所描述的"琐碎政治"。

进一步的诠释可能是，尼采预告了像莱因这种激进精神医学家的理论，以及这样的断言：像这样的疯狂，也不过就是一个健全个人对于疯狂世界的反应。事实上，尼采本人对疯狂并不陌生，他在整个成年生活里苦于一阵阵的忧郁发作，日积月累，在晚年造成心理状态迅速恶化。

尼采之所以陷入疯狂，通常都被归咎于他在科隆当学生时，造访妓院而感染了梅毒（虽然在他的传记文字里没有任何具体记载可以确定这个说法)。尼采也曾被诊断为有躁郁症,还有体显性脑动脉血管病变,合并皮质下脑梗死及白质脑病变(一种遗传性中风)。

一切从世界的创造者手中出现时都是好的，但在它落入人的手里时就堕落了。

——让-雅克·卢梭（1712—1778）

卢 梭

让-雅克·卢梭，一个日内瓦钟表匠的儿子，在1712年生于今日的瑞士。在当时，日内瓦是个城邦国，在概念上隐约有民主政体的雏形。理论上这个城市是由选出来的代表议会管理，不过因为只有富人与中产阶级有投票权，实际上这跟寡头政治没什么差别。日内瓦也由一群权力很大的新教徒牧师（加尔文派）掌权。卢梭的母亲在他出生后不久就去世了，他父亲在他10岁时抛弃了他，导致卢梭在萨伏依附近与意大利某些地方漫游，虚度青春，直到最后在巴黎落脚。

在巴黎，有音乐天分的卢梭设计了一套新的音乐记谱系统，呈送给法国科学院，他相信这是让他成名致富的门票。虽然科学院对卢梭的别出心裁印象深刻，他们却认定他的系统太激进而拒绝接受。同时卢梭在巴黎遇见了知名哲学家狄德罗，他跟让·勒朗·达朗贝尔着手进行他们著名的《百科全书》计划（本质上是关于艺术与科学的作品文选，被认为有功于传播法国大革命背后的激进思想）。狄德罗鼓励卢梭向《百科全书》投稿，起初是跟音乐理论有关的内容，但是随着卢梭早期的努力成果得到正面评价，他更具自信，最后其作品也涵盖更加复杂的主题。

在1750年，卢梭参加一场著名的论文写作比赛，主题是艺术与科学发展的道德价值。在卢梭当时大量接触的"启蒙"新思维方式的支持下，他采取的论战立场是：论证在自然状态下，人在本质上是善良有道德的，但人类社会腐化了纯粹的道德，而艺术与科学既然是社会的产物，对人类来说就不是有益于道德。这篇论文,现在通称为《论科学与艺术》,赢得了竞赛一等奖,让卢梭一举成名。这篇论文被认为是他重要性最高的作品之一,为卢梭的哲学——"自然状态"下的人相对于社会中的人——提供了基础,认为在社会之中,人的内在道德性、同理心与怜悯之心,都被嫉妒、贪婪与自我意识所玷污了。

"一切从世界的创造者手中出现时都是好的,但在它落入人的手里时就堕落了。"这句话出自《爱弥儿》(1762年)——卢梭谈教育与抚养孩童的一部争议性专著。卢梭跟宗教之间有某种含糊朦胧的关系,他常常公开宣称自己是信徒,同时却拒绝原罪的概念。卢梭对宗教的观点变幻不定,证据可以见之于这些事实:他出生时是严谨的新教徒,后来皈依天主教,只是后来又回到加尔文派信仰。书开头的引言——神造出的事物都是好的,是人腐化了善,在此也不能算肯定卢梭的宗教思维,而比较像他用这种方式来表达他的观念:社会带来有害的影响,还有人类的自然状态怎样才能以最佳的方式保留下去。在《爱弥儿》里，卢梭追踪书中的这个（假想的）孩子各个不同阶段的发展，从婴儿时期到长成年轻人，并在书中倡议一种早期版本的整体论教育方法。对卢梭来说，对待孩子最好的方式，就是通过发展他们的感官知觉、理解他们的自然本能，以教育他们。学习应该来自经验，通过发现原因与结果而得，而不是通过规范性的指导与惩罚。

卢梭的教育模板，虽然不乏明显的缺陷（某些谈论女性教育的段落，毫不遮掩厌女倾向），对于教育理论却有相当大的影响。这种影响力在今日关于教育的整体论实践、以儿童为中心的教学等观念中还很盛行。此书在1762年出版时，巴黎的天主教徒与日内瓦的加尔文派都加以查禁，理由是此书提倡宗教宽容——虽然这样可能看起来很怪，但双方阵营都认为这种概念和异端差不多。这很讽刺，因为卢梭这一生不断地换边站，但加尔文派跟天主教两边却都拒绝了他的观点。

反抗行为可能无法制止不义,但也没有就此免除责任——在诚心反省之后,照着你的信念,以对社群最有利的方式采取行动。

—— 苏珊·桑塔格(1933—2004)

桑塔格

苏珊·桑塔格是一位美国作家、导演、知名学者、批评家与政治运动家。虽然桑塔格认为自己主要是个小说家,她反而成为可能是第一批受到国际肯定的文化与知识界名流批评家[在女性之中,她跟杰梅茵·格里尔肯定是第一批文化知识名流]。她最广为人知的作品,包括《论摄影》、

《反阐释及其他随笔》，与她关于艾滋流行的得奖短篇小说《我们现在的生活方式》，以及她关于疾病语言的知名专著《疾病之隐喻》。

桑塔格用随笔形式得到公众有褒有贬的评价，从这方面来看，她可以在哲学上被视为追随培根、蒙田与哈兹利特这些前辈的传统。随笔形式是由深具影响力的法国作家蒙田发扬光大的，这种形式让作家与哲学家有自由的空间，可以借着创造论战性的论证、避开更形式化的探究方法，来探索各种议题与观念。桑塔格起初在她著名的1964年随笔《坎普札记》里，把她的注意力转向这个问题：是什么构成"高级"与"低级"艺术，还有加以引申的高级与低级文化。在这篇随笔里，桑塔格论证说，以滑稽歌舞剧场有自觉意识的戏耍性为例：滑稽歌舞剧远非较低下或只有一次性价值的艺术形式，跟它在高级文化里的对等物（像是歌剧或古典希腊悲剧），同样是知性分析的有效主题。此外，桑塔格说明低俗文化中的某些元素有一种革命性的狂热，表现在它们迫使人们质疑艺术的"严肃性"与人们的价值判断。她论证说:"一个人可以对于轻浮之事很严肃,(并且)对严肃之事很轻浮。"事实证明,这篇随笔在知识分子圈里引起某种轰动的现象,特别是这篇文章所勾勒出的概要,从此变成低俗文化形式的常见评价,也就是所谓"糟糕得好"的立场[举例来说,用来解释《洛基恐怖电影秀》或《继续胡闹》系列电影历久不衰的普及程度,还有"邪典"电影的吸引力]。

在1977年,桑塔格出版了以《论摄影》为书名的一系列随笔,这可能是她最著名的作品。在这些随笔中,桑塔格探索了人类认知与经验和摄影的关系,并且提出几个很有争议性的论证。桑塔格论证说,在这世界上没剩下多少东西可以拍摄了,虽然摄影曾经让个人对世界的认识与理解有了更宽广的途径,摄影也改变了我们该不该看到什么事物(或者我们是否有权看某些东西)的伦理。这种视觉材料的"过剩"的一个后果是人类对现实的认知与经验已经受到改变和限制。为了阐明她的观点，桑塔格指出了一个视觉上饱和的社会会出现的危险：儿童在现实中真正接触到事物以前，就先通过照片体验到它们了，而记忆因此变成了接触视觉影像而有的记忆，而不是经验中真实感受的记忆。如果桑塔格关注的是1970年代中期现代社会中视觉的增值超过了实际事物，那么我们可以冒险猜测，她对于今天的网络与谷歌地球这类的新事物会有什么样的态度。

苏珊·桑塔格在政治上很活跃，对战争和人类冲突所带来的恐怖勇于发言，她曾去过各种战场，如越战时的西贡，还有南斯拉夫内战时的萨拉热窝。那句关于一个人的反抗行动无法制止不义的引言，取自桑塔格在奥斯卡·罗梅罗奖颁奖典礼上的讲稿，当时是2003年，她过世的前一年。这篇讲稿的副标题是《论勇气与反抗》，在她过世后出版的政治文章选集里收入了这篇讲稿。在这篇讲稿中，桑塔格检视了从各方面来看可能都徒劳无功的个人反抗行动的重要性，还有反抗与勇气、道德的概念如何产生关联。作为反抗的起点,桑塔格提到,超过1000名以色列士兵拒绝在占领区里积极服役,从而论证虽然从犬儒或现实主义的观点来看,他们这样的举止可能看似无用,但历史将会记录沙地里画下一条线的时刻;然而正是从这样小小的异议种子里,滋长出集体反抗,发生真正的政治与社会变化。

在整个职业生涯里,苏珊·桑塔格一直都是争议性人物,她在知识分子中也引起与一般大众同样的分歧。学院派质疑她的随笔与评论缺乏形式上的严密性(她通常拒绝在作品里提供出处、注解或参考书目),倾向于提出极具挑拨性而缺乏实质佐证的陈述,还有她那种具有浓厚格言警句色彩的风格。简而言之,她被指控表面上美好,却没有多少实质内涵。然而许多记者与媒体评论家仰慕她不妥协的风格,尤其是她总是有办法对任何话题提出一句让人记忆深刻的话或宣言——从对英国作家萨曼·拉什迪发出的伊斯兰教令(死刑),到针对美国的9·11攻击都在内。桑塔格的信念——为了引发辩论,总是值得去说些什么话，1967年刊登在《党派评论》上的一篇早期文章就是实例。在这篇文章里，桑塔格对西方文明发出激烈的抨击，里面有一句备受争议的话："莫扎特、帕斯卡、逻辑代数、莎士比亚、代议政府、巴洛克式教堂、牛顿、女权运动、康德、巴兰钦的芭蕾舞等，都不能弥补这个特定文明对这个世界已经造成的状况。白色人种是人类历史的癌症。"这篇文章引发暴风雨般的争议，后来有一位记者问她是否后悔做出这种评语，桑塔格以令人吃惊的执拗说她确实后悔，但只是因为她觉得"这样说会诋毁了癌症患者"。不论爱她或恨她，在20世纪六七十年代都不可能无视苏珊·桑塔格，她一直是女性主义运动中的重要指标人物。

等待桑塔格？

从1990年代早期到中期，南斯拉夫内战的萨拉热窝围城期间，苏珊·桑塔格前往这个饱受战火蹂躏的城市，制作并执导塞缪尔·贝克特的剧本《等待戈多》。桑塔格承担这一工作所表现出的反抗性与勇气,让她得到许多赞誉,在 2004 年她过世后,萨拉热窝市市长把国家剧院前面的广场重新命名为苏珊·桑塔格广场。

然而,对于报道中所提到桑塔格在萨拉热窝的英雄之举,并不是每个目击者都这么着迷于这件事。在英国报纸《电信报》上一则怀有不少恶意的桑塔格讣闻里,记者凯文·迈尔斯用不怎么恭维的话回忆桑塔格版的《等待戈多》。迈尔斯指责桑塔格似乎看来相当没有外交素质,因她把三个主要角色分配给一个波斯尼亚裔塞尔维亚人、一个波斯尼亚裔克罗地亚人跟一个波斯尼亚裔穆斯林,而她排练时一再迟到,还用降贵纡尊的轻蔑态度对待她的东道主。她把那出戏本身说成是"装腔作势的废话"而打发掉。甚至在死后,苏珊·桑塔格仍引发争议,而她毫无疑问地会对这个事实感到骄傲。

人类的关系总能帮助我们得以处世,继续向前,因为这些关系总是能预设更进一步的发展,预设有个未来——也因为我们活着的方式,就好像我们唯一的使命,正是跟其他人有关。

—— 阿尔贝·加缪（1913—1960）

加　缪

阿尔贝·加缪是一位赢得诺贝尔文学奖的作家兼哲学家,生于当时的法属阿尔及利亚,有一位西班牙母亲跟作为法国前爱国斗士的父亲。加缪出生后不久,他父亲就在第一次世界大战中被杀害,他在相当贫穷的环境中长大。加缪在阿尔及尔大学读书,当时他对足球的兴趣似乎大过学习（他为大学球队当过守门员）。然而，在患上肺结核之后，他被迫同时放弃足球跟他的学业，以便能工作并养活他母亲（这些工作大部分薪水都很低）。加缪最后回到大学半工半读，获得一个古典哲学学位。

加缪在学生时代后期成为政治活跃分子，他先在 1935 年加入法国共产党，然后再转向阿尔及利亚人民党，因为他认为该党对阿尔及利亚独立运动的理想较为同情。通过政治联系，加缪开始他的记者生涯，为好几家社会主义与无政府主义刊物撰稿。在第二次世界大战期间，加缪搬到波尔多，加入法国抵抗团体"战斗"——这是一个抵抗纳粹占领的激进派地下网络，并办了一份同名的颠覆性报纸。在从事《战斗报》编辑工作期间，加缪结识了存在主义哲学家让-保罗·萨特。

在战争期间，加缪写下他广为人知的作品《局外人》，还有他谈自杀本质的文章《西西弗斯的神话》。这两部作品以各自不同的形式（一部是小说，另一部则是哲学论文），探索关于荒诞主义的概念。对加缪来说,荒谬就是人类在一个上帝已死、实质的真理与价值似乎缺席的社会里,没有止境、到最后徒劳无功的追寻。这种没有成果的意义追寻,通过希腊神话人物西西弗斯的隐喻被勾勒出来。西西弗斯因为罪过,被罚永远推着一块大石头上山,接着只能眼睁睁看着它又滚回山下。

从这个角度来看,很容易就可认为加缪对人类生命采取一种灰暗悲观的看法。确实,前面的引言是出自1960年他因车祸英年早逝之后出版的《文选》,看似暗示对人类关系采取一种犬儒式的态度。加缪结过好几次婚,对他所有的配偶都不忠诚,常常公开发展婚外情。他的婚姻观点是,这是一种不自然的社会宗教建构,限制了个人自由与选择。

加缪通常被认为是个存在主义者,但他反驳说自己不隶属于任何特定思想学派的见解(荒诞主义也包括在内)。他人生中最后十年的特色,就是回归他年轻时代的政治行动主义,对所有形式的极权主义都狂热地反对。加缪很早就对共产主义与整个左翼派系感到幻灭,这个事实也导致他与萨特的友谊冷却,而后他把他的注意力转向捍卫人权与公民自由(他强烈反对死刑)。这是个奇特的悖论:在个人的哲学与创意作品中,他对人类的生活、意义与真理的缺席表现出如此阴郁悲观的见解,但他又竟然如此热烈地献身于公民权、集会自由、言论自由与自主决定的理想目标。在1957年,诺贝尔奖委员会因为加缪"重要的文学作品产出,以有远见的诚挚之心阐明我们这个时代人类良知的问题"而把文学奖颁给他。

结语
可以思考的某些事情

这本书所关注的,是呈现历史上某些第一流伟大思想家的哲学思想与观念,还有如何努力理解他们并分析他们各自的世界。17世纪与18世纪,理性时代导致所强调重点的转移,把哲学性思维从神学中分开,并且专注于探究可观察的世界,在那个当下决定真理是什么。

在两次灾难性的世界大战之后,哲学或许免不了发现自身处于某种知性危机之中。到了20世纪晚期,这个学科——本来在先前一个世纪里,这么严守着它的分析性架构——开始撤退到一种无可阻挡的混乱困惑之中。所有意义现在都不见了,剩下的就只有彼此竞争的话语,淹没在比过去更难以参透的语言形式与元语言里。

所以哲学的未来是什么?谁会是接下来的时

代的伟大思想家？从网络开始运作以后，信息的传播与交流比过去都快得多。虽然这对于观念的自由交流有深刻的含义，在我们挣扎着穿越这个信息过多的世界时，网络也有它的缺陷。我预测未来的思想家会需要处理这些议题：人类该如何与科技创新的飞快速度共处，而这又会如何反过来影响我们的生活，还有彼此互动的方式。

未来哲学家的另一个关键议题是环境，特别是全球变暖的冲击。"如何生活？"——所有伟大思想家谈论过的关键问题，再度转换了强调之处，问道：在这个飞快冲向经济与生态难以持续发展的转折点的世界上，"我们将怎么活？"从这个角度来看，哲学变成了不只是理解人类知识与伦理的事，还有更加根本的任务：确保文明的延续，还有保卫未来的存在。

延伸阅读建议

伯特兰·罗素的《西方哲学史》在 1945 年初次出版,至今仍然是衡量哲学指南的标准。虽然卷帙浩繁,文风清晰简洁,但是罗素的工作规模之大,可能也让人望而生畏。也有人诋毁批评《西方哲学史》,他们指出此书对于西方思潮中德国传统的重要性涵盖不足。虽然这种评论也有某种真实性——罗素的《西方哲学史》最后一部分似蜻蜓点水地跳过康德、黑格尔与尼采,但应该注意的是,这本书是在第二次世界大战期间写的,既然如此,这本书注定受到政治偏见的影响。

另一本更容易消化的哲学入门书是西门·布莱克伯恩的《思考:哲学里的星星、月亮、太阳》；或者，对于那些白天时间不够，却不想在晚宴中显得太低调的人，还有爱德华·克雷格的《哲学》是个非常好的起点。对比较年轻的读者来说，必须要读的是挪威作家乔斯坦·贾德的《苏菲的世界》。这本1991年出版、迷人又聪明的哲学史导论，巧妙地将哲理编织到青少年推理小说的形式里。这本书全球售卖超过3000万本，虽然表面上是写给青少年的书，却是具有洞见与信息的宝藏，可以满足对知识饥渴的成人想多了解人类历史上伟大思想家的渴望。

对于各种重大问题想寻求更接近当代观点的读者，伯纳德·舒兹的《蚱蜢：游戏、生命与乌托邦》是有趣又肯定生命本身的书，拆解又重组了维特根斯坦某些比较难懂的理论。在一个比较具有政治性的层面上，彼得·辛格的《你能拯救的生命》同时从个人与集体的层次，检视了世界人口的各种关键伦理问题。我在后面收录了精选的书目——在编撰此书时，我发现这些书是不可或缺的，而其中每一本都有不同的优点。哲学的追寻像是挑选一顶帽子——帽子不只是需要符合某个目的,也需要戴起来好看,所以我的建议是尝试其中几本,直到你找到最合适的一本为止。

精选书目

Ayer, A. J, The Central Questions of Philosophy (*Holt, London*, 1974)

Blackburn, Simon, Think: A Compelling Introduction to Philosophy (*Oxford University Press, Oxford*, 1999)(《思考:哲学里的星星、月亮、太阳》)

Blackburn, Simon (*ed.*), Oxford Dictionary of Philosophy (*Oxford University Press, Oxford*, 2008)

Cahn, Stephen M., Exploring Philosophy: An Introductory Anthology (*Oxford University Press, Oxford*, 2008)

Craig, Edward, Philosophy: A Very Short Introduction (*Oxford University Press*, *Oxford*, 2002)

Critchley, Simon, The Book of Dead Philosophers (*Granta*, *London*, 2009)

Gaarder, Jostein, Sophie's World (*Perfect Learning*, *London*, 2010) (《苏菲的世界》)

Grayling, A. C., The Meaning of Things (*Weidenfeld & Nicholson*, *London*, 2001) (《生命的哲思》)

Kaufman, Walter, Existentialism from Dostoyevsky to Sartre (*New American Library*, *New York*, 1975)

Kohl, Herbert, The Age of Complexity (*Mentor Books Ltd.*, *New York*, 1965)

Levine, Lesley, I Think, Therefore I Am (*Michael O'Mara Books Ltd.*, *London*, 2010)

Mautner, Thomas (ed.), Penguin Dictionary of Philosophy (*Penguin Books*, *London*, 1997)

Monk, Ray and Raphael, Frederic, The Great Philosophers (*Weidenfeld & Nicholson*, *London* 2000)

Nagel, Thomas, What Does It All Mean? (*Oxford*

University Press, *Oxford*, 2004)(《哲学入门九堂课》)

Pirie, *Madsen*, *101* Great Philosophers: Makers of Modern Thought (*Bloomsbury*, *London*, 2009)

Russell, *Bertrand*, History of Western Philosophy (*George Allen & Unwin Ltd.*, *London*, 1961)(《西方哲学史》)

Singer, *Peter*, The Life You Can Save (*Random House*, *New York and London*, 2010)

Suits, *Bernard*, The Grasshopper: Games, Life and Utopia (*Broadview Press*, *London*, 2005)(《蚱蜢：游戏、生命与乌托邦》)

Urmson, *J. O. and Rée*, *Jonathan*, The Concise Encyclopaedia of Western Philosophy & Philosophers (*Routledge*, *New York and London*, 1989)

Warburton, *Nigel*, Philosophy: The Basics (*Routledge*, *London*, 2012)(《哲学经典的32堂公开课》)

致　谢

我想对下面这些人表达我最真挚的感谢,他们的贡献、建议与支持,在汇编此书时,都是无价之宝。

Tim McIlwaine 提供优秀的建议、额外的研究与素材,尤其是针对某些棘手的德国思想家时更是如此。R. Lucas 与萨塞克斯大学(University of Sussex)图书馆的同仁,还有霍福图书馆(Hove Library)好心的朋友,让我使用他们的设备,并且能在桌前偶尔小睡一下。感谢 Mathew Clayton 让我的这个计划达成。感谢我的编辑 Katie Duce 的耐心与支持,也感谢 Michael O'Mara Books 的全体设计与制作团队。最后要感谢 Joanna 与 Polly 的爱与支持,并且感谢他们忍受我经常的崩溃或焦虑大爆发。我希望到最后这一切都是值得的。